MICHELE REPOLE

IL CONCETTO DI COSTRIZIONE

NELLA *REPUBBLICA* DI PLATONE

Prefazione di Lidia Palumbo

Prefazione

Sulla costrizione. Saggio sulla *Repubblica* di Platone

Mi fa piacere accompagnare alla stampa questa ricerca, condotta da uno studente dei nostri tempi, in occasione della sua laurea triennale in filosofia.

Si tratta di un'indagine, circoscritta ma completa, intorno ad un concetto della filosofia politica di Platone – il concetto di costrizione - che può diventare punto di osservazione privilegiato delle dinamiche relazionali a partire dalle quali Platone progettò la kallipolis, la bella città.

Michele Repole annota tutte le forme di costrizione citate da Platone nella Repubblica, anche quelle che a una prima lettura non sarebbero parse tali. All'occhio dell'autore della ricerca anche quella che viene compiuta con le parole è una costrizione, e lo è anche quella che a questa si oppone, negando l'ascolto.

Un significato del tutto particolare, un significato squisitamente filosofico, come si vedrà, è quello che assumono le occorrenze del verbo "costringere" quando esso riguarda l'obbligo di dar conto delle proprie parole. La costrizione verbale è indagata da Platone con un'attenzione speciale. Nel testo si fa riferimento, talvolta, a forme impossibili di costrizione, come quella che consiste nel "conficcare un'idea nell'anima".

A volte appare chiara la strategia di Platone che trasferisce sul piano materiale, metaforizzandole, alcune operazioni che riguardano il piano psichico. Ad un certo punto si profila l'ipotesi che la giustizia stessa – la virtù il cui significato il testo di Platone insegue – sia una costrizione, sia un obbligo cui sottoporsi e non un bene da ricercare , ma la discussione filosofica si incaricherà di rovesciare quest'ipotesi, e di mostrare che la giustizia è invece un bene che tutti desiderano, che tutti desiderano per se stesso, e non solo per i vantaggi che comporta, vantaggi tra i quali è da annoverarsi quello, non trascurabile, della felicità.

Nel contesto del discorso platonico sono sottolineate alcune necessità speciali, come quella che attiene all'opera che "non potrà attendere il tempo comodo per chi la esegue", ragione per la quale è necessario che il produttore, una volta cominciato un lavoro, lo segua poi fino in fondo, senza lasciare le proprie opere incompiute.

Un'altra necessità assolutamente speciale è quella che riguarda il controllo politico delle narrazioni. Esse, infatti, più di ogni altra cosa, fanno nascere negli uomini i desideri. I legislatori della città giusta costringeranno i narratori a narrare racconti simili a certi modelli, e non si permetterà loro di trasgredire, perché non si permetterà ai legislatori di allevare esseri i cui desideri siano in contrasto con l'etica della città.

Nelle maglie della costrizione legale troviamo dunque i poeti costretti a poetare in un modo e non in un altro, troviamo forme di costrizione praticate all'insaputa di chi le subisce, costrizioni che sono costate tante critiche a Platone nel corso della storia della filosofia dell'Occidente.

Ma troviamo anche il riferimento a violenze che vengono dalla vita, violenze che costringono chi le subisce a mutare opinione. Rispetto a queste violenze, l'educazione cittadina rappresenta un sostegno, un conforto, una sicurezza.

Ci sono costrizioni che schiavizzano, infatti, ed altre che rendono liberi, che costringono a diventare migliori. Poi ci sono quelle che ai singoli impongono comportamenti in nome di un interesse più grande e più vero. Tra queste, la più importante è quella che troviamo chiaramente delineata nei punti 473d-473e del nostro testo:

"A meno che [...] i filosofi non regnino nelle città, oppure quanti ora sono detti re e potenti non si diano a filosofare con autentico impegno, e questo non giunga a riunificarsi, il potere politico cioè e la filosofia, e ancora quei molti, la cui natura tende a uno di questi due poli con esclusione dell'altro, non vengano obbligatoriamente impediti – non vi sarà, caro Glaucone, sollievo ai mali della città, e neppure, io credo, a quelli del genere umano; né mai prima di allora questa costituzione, che il nostro discorso è venuto delineando, potrà nascere nei limiti delle sue possibilità e vedere la luce del sole".

Prof.ssa Lidia Palumbo
Università di Napoli Federico II

*Al perenne ricordo di mio padre,
Carmine Repole, e della triplice
verità in cui ha creduto e che mi
ha inculcato: Dio, la famiglia, le
persone attorno che offrono e
chiedono aiuto.*

Introduzione

Al fine di entrare nel cuore della speculazione platonica, abbiamo deciso di partire dalla ricerca su un determinato concetto, quello della costrizione, che analizzeremo e indagheremo nella migliore maniera possibile in quello che viene considerato il più importante dei dialoghi platonici, la *Repubblica*, summa e sintesi dell'indagine filosofica di Platone.

La nostra ricerca comincerà con la trascrizione, l'analisi filologica e contestuale di tutti passi dell'opera contenenti termini inerenti al concetto di costrizione, per poi procedere all'individuazione dei vari tipi di costrizione presenti nel dialogo, a una loro classificazione metodica in determinate categorie, evidenziandone le uguaglianze e le differenze, i significati assunti in base anche al contesto e all'aggiunta di altri termini (aggettivi, pronomi, negazioni, ecc.), accanto a quello specifico riguardante la costrizione.

Parte prima

- Ricerca e trascrizione di tutti i passi della *Repubblica* di Platone contenenti espressioni relative al concetto di costrizione.

- Analisi del contesto di ciascun brano.

- Analisi filologica dei termini evidenziati.

Libro I

Contesto A (relativo alla citazione 1a)

Socrate discende al Pireo, insieme a Glaucone, per andare ad osservare la celebrazione della festa della dea Bendis. Nel momento della conclusione della processione, sulla via del ritorno verso la città, sopraggiungono Polemarco, Adimanto e altri loro compagni della processione, i quali impediscono a Socrate e a Glaucone di andarsene e, indifferenti alle parole del filosofo, li obbligano a restare, conducendoli a casa di Cefalo, il padre di Polemarco.

Citazione
1a   <<Ma non resta ancora la possibilità di <u>convincervi</u> (πείσωμεν)[1] che bisogna lasciarci andare?>>, <<E come

---

[1] << πείσωμεν >> deriva dalla radice del verbo πείθω, che vuol dire "persuadere, convincere, sedurre", ed è usato nel contesto con riferimento al tentativo fallito di Socrate di persuadere i presenti con la forza del mezzo retorico e, nell'immediato, ad abbandonare la loro decisione di farlo rimanere ancora al Pireo. Si tratta quindi di un tentativo di costrizione, di un atto di forza nei confronti degli astanti, affinché abbandonino i propri intenti, in vista del suo desiderio più grande di voler andarsene. Più in generale questo passo dimostra che se la costrizione è verbale basta negare l'ascolto per resistere.

potete>> rispose lui <<convincere chi non ascolta?>>. <<Non c'è modo>> disse Glaucone. <<E dunque non vi ascolteremo (μὴ ἀκουσομένων)[2], mettetevelo in mente>>. (Plat. *Resp*. 327c, trad. M. Vegetti).

Contesto B (relativo alle citazioni 2a, 2b, 2c, 2d, 2e)

Uno degli ospiti presenti in casa di Cefalo, il sofista Trasimaco, interviene con aggressività e sarcasmo nel corso del dibattito sulla giustizia, contestando violentemente la tesi socratica secondo cui chi detiene il potere guarda all'utile dei sudditi, e asserendo che il <<il giusto è l'utile del più forte>> poiché chi comanda può sancire che giusto per i sudditi è ciò che è utile a chi detiene il potere. Di fronte a questa critica, Socrate dialoga con Trasimaco, arrivando a fargli ammettere che il giusto somiglia al sapiente e al buono, in quanto vuole sopraffare solo il diverso ma non il suo simile, mentre l'ingiusto è analogo al cattivo e all'ignorante dato che arriva a prevaricare sia sul suo simile sia sul diverso. Inoltre Trasimaco non può non concordare con Socrate sul fatto che un'anima cattiva governi e sorvegli male, mentre l'anima buona svolga bene ogni compito,

---

[2] << μὴ ἀκουσομένων >> proviene dalla radice del verbo ἀκούω, che significa "ascoltare, udire, sentire". Di primo acchito, il significato del verbo sembra non avere nulla a che vedere con la costrizione; tuttavia, tenendo presente il contesto e la negazione << μὴ >> aggiunta al verbo ἀκούω, quest'ultimo con il significato di "non ascoltare", esprime uno scherzoso, ma pur vero, atto di forza su Socrate, reso possibile dal rifiuto della situazione comunicativa della persuasione. Tale rifiuto annulla la costrizione retorica che stava per essere messa in atto da Socrate e fa trionfare invece quella di Polemarco e degli altri, basata sulla forza numerica e sul rifiuto dell'ascolto. <<Non vi ascolteremo>> può quindi essere inteso come conseguenza di questo rifiuto – nella stessa maniera in cui << io so >> è conseguenza di << io ho visto>>, in riferimento a οἶδα -, come <<vi costringeremo noi a restare>>.

e (sul fatto) che quindi, alla fine, chi possiede l'anima giusta viva bene e chi ha l'anima ingiusta viva male.

Citazioni

2a <<Detto questo, Trasimaco aveva in mente di andarsene, dopo che, alla maniera di un inserviente al bagno, aveva rovesciato nelle nostre orecchie il gran flusso del suo discorso. I presenti però non glielo permisero, anzi <u>lo costrinsero</u> (ἠνάγκασαν)[3] a restare e a dar conto delle sue parole>>. (Plat. *Resp.* 344d, trad. M. Vegetti).

2b <<E come ti convincerò?>> disse. <<Se non sei stato persuaso da ciò che ho appena detto, che potrò farti ancora? Dovrò prendere il mio discorso e <u>ficcartelo</u> (ἐνθῶ)[4] nell'anima?>>. (Plat. R*esp.* 345b, trad. M. Vegetti).

2c <<Ma riterrebbe opportuno <u>prevaricare</u> (πλεονεκτεῖν)[5] sull'ingiusto e penserebbe o no che questo sia giusto?>>

---

[3]<< ἠνάγκασαν >> viene dalla radice del verbo ἀναγκάζω, che vuol dire "costringere, obbligare", in riferimento alla costrizione operata dai presenti nei riguardi di Trasimaco, probabilmente sia verbale – pregandolo e ripetendogli di continuare a parlare per spiegarsi meglio e dar piena dimostrazione della sua sapienza - sia fisica – trattenendolo per la veste, mettendogli una mano sulla spalla, frapponendosi tra lui e la porta -, al fine di impedirgli di andarsene e di approfondire con Socrate la questione della giustizia.

[4] << ἐνθῶ>> proviene dalla radice del verbo ἐντίθημι, composto dall'unione del verbo τίθημι (mettere, collocare, porre) e di ἐν (in, dentro, presso), ed è utilizzato qui con il significato di "mettere dentro, immettere,ficcare" nell'anima il discorso. Fallito, infatti, il tentativo di persuadere Socrate sulla veridicità della sua tesi, Trasimaco ritiene – e lo afferma di fronte a un Socrate sconcertato - che l'unica alternativa per convincerlo è quella di inserire a forza il suo discorso nella mente del filosofo, e quindi lasciar perdere le parole e far uso della violenza.

<<Lo penserebbe e lo riterrebbe>> disse, <<ma non potrebbe.>>

<<Ma non è questo che ti chiedo>> dissi io, <<bensì se il giusto non ritiene opportuno e non vuole prevaricare sul giusto, ma piuttosto sull'ingiusto?>>. (Plat. R*esp*. 349b-349c, trad. M. Vegetti).

2d <<Trasimaco convenne su tutto questo, ma non così facilmente come ora io racconto, bensì trascinatovi a fatica (ἑλκόμενος)[6] , sudando in quantità straordinaria (c'era anche un gran caldo).>> (Plat. R*esp*. 350c- 350d, trad. M. Vegetti)

2e <<E' necessario (ἀνάγκη)[7] perciò che un'anima cattiva governi e sorvegli male, mentre quella buona faccia bene in

---

[5] <<πλεονεκτεῖν>> deriva dalla radice del verbo πλεονεκτέω, composto dall'unione del verbo ἔχω (avere, possedere, essere in grado di, potere) e di πλεον (di più, maggiormente, parecchio) ed è usato con il significato di "prevaricare, sopraffare" , per quanto riguarda il desiderio del giusto di voler dominare, non sul suo simile, ma sull'uomo ingiusto e sulla condotta ingiusta.

[6] << ἑλκόμενος>>, viene dalla radice del verbo ἕλκω, che vuol dire "trascinare, tirare, tendere", con riferimento alla costrizione adoperata su Trasimaco sia mentale – poiché non può criticare quanto detto da Socrate, perché lui stesso ha dato il suo contributo, accettando o rifiutando le affermazioni del filosofo -, sia fisica – dato che oppone una ferma resistenza a convenire con le conclusioni di Socrate, uno sforzo che lo fa sudare e arrossire.

[7] << ἀνάγκη>> si riferisce a una sorta di "costrizione predestinata", che Socrate stesso crea con i suoi artifici retorici, nel corso del dialogo con Trasimaco, e secondo la quale, ad esempio, il bene è bene e non male e produce bene e non male, invece il male è male e non bene e produce male

tutto questo.>> <<Necessario.>> (Plat. *Resp.* 353e, trad. M. Vegetti).

---

e non bene. In questo modo, per Socrate, <<è necessario perciò che un'anima cattiva governi e sorvegli male, mentre quella buona faccia bene in tutto questo>>.

Libro II

Dopo che Socrate ha finito di parlare con Trasimaco, Glaucone e suo fratello Adimanto – l'uno mosso dal desiderio di sentire lodare ed essere persuaso da Socrate sulla bellezza della giustizia in sé; l'altro convinto della tesi secondo cui il giusto che non appare tale non avrà vantaggi ma pene e fatiche, mentre l'ingiusto che appare giusto ha vantaggi e <<vita simile agli dei>> - intervengono nel dialogo, esortando Socrate a dire loro quali siano gli effetti della giustizia e perché sia da preferire all'ingiustizia.

Citazioni
1a   <<Farò dunque così, se pare anche a te: rinnoverò da capo l'argomentazione di Trasimaco, e dirò in primo luogo che cosa si ritenga essere la giustizia e donde essa si origini; in secondo luogo che tutti coloro che la rispettano lo fanno malvolentieri, in quanto si tratta di un <u>obbligo</u> (ἀναγκαῖον)[8], ma non di un bene; in terzo luogo che questo comportamento è plausibile,

---

[8] <<ἀναγκαῖον>> viene da ἀναγκαῖος-α-ον, che vuol dire "che costringe, coattivo, urgente", e viene usato da Glaucone per dire che cosa sia la giustizia, secondo l'opinione di molti: una costrizione – vale a dire un obbligo imposto dalla legge - e non un bene.

perché la vita dell'uomo ingiusto è davvero molto migliore di quella del giusto, a quanto dicono, benché, Socrate, questa non sia proprio la mia opinione>> (Plat. *Resp.* 358b- 358c, trad. M. Vegetti).

1b   <<Perciò mi sforzerò (κατατείνας)[9], di elogiare la vita ingiusta, e così parlando ti mostrerò in qual modo vorrei da parte mia sentirti biasimare l'ingiustizia e lodare la giustizia.>> (Plat. *Resp.* 358d, trad. M. Vegetti)

1c   <<Questo è dunque un grande inizio, si potrebbe dire che nessuno è giusto per sua volontà, bensì perché è soggetto a costrizione (ἀναγκαζόμενος)[10]: la giustizia non è considerata alla stregua di un bene privato, giacché chiunque, laddove pensi di essere in grado di recare ingiustizia, lo fa.>> (Plat. *Resp.* 360c, trad. M. Vegetti)

1d   <<Queste ed altre simili cose adducono ad encomio della giustizia. Al contrario, seppelliscono gli empi e gli ingiusti nelle fangose profondità di Ade e li costringono (ἀναγκάζουσι)

---

[9]<<κατατείνας>> deriva dalla radice del verbo κατατείνω, composto dall'unione del verbo τείνω ("tirare, tendere, puntare") e κατά ("verso, contro, in vista di"), nel senso di "sforzarsi" con riferimento all'uso della forza che Glaucone pratica sulla sua volontà in modo da poter lodare la vita ingiusta – lode che in verità non condivide -, al fine di mostrare a Socrate le opinioni dei più riguardo alle meraviglie dell'ingiustizia. Interessante questa accezione del termine sforzo, inteso come costrizione della volontà.

[10] <<ἀναγκαζόμενος>> proviene dalla radice del verbo ἀναγκάζω, che vuol dire "costringere, obbligare" ed è utilizzato, nel passo specifico, in riferimento alla costrizione cui è sottoposto chiunque agisca in maniera giusta. Infatti per Glaucone, che tiene in debito conto l'opinione degli altri, nessuno è giusto di sua propria iniziativa, ma solo se vi è costretto, almeno nella dimensione pubblica, in virtù del <<patto sociale dettato dalla reciproca paura>> (dalla nota 3 di Plat., *Resp.*, libro II, trad. di M. Vegetti).

a portar acqua in un setaccio, e finchè ancora vivono li espongono (ἄγοντες)[11] all'infamia; tutte quelle punizioni che Glaucone elencava per i giusti considerati però ingiusti, essi le attribuiscono agli ingiusti, senza poterne trovare altre.>> (Plat. R*esp*. 363d-363e, trad. M. Vegetti)

1e   <<Per restar nascosti organizzeremo cospirazioni e società segrete, ed esistono maestri di persuasione che offrono la capacità di parlare al popolo e nei tribunali – con tutto ciò, useremo ora la persuasione (πείσομεν), ora la violenza (βιασόμεθα)[12], in modo da poter sopraffare senza renderne giustizia>>. (Plat. R*esp*.365d, trad. M. Vegetti)

1f   <<Essendo giusti, infatti, ci limiteremo a non subire le punizioni degli dèi, ma rinunceremo ai guadagni che vengono dall'ingiustizia; ma da ingiusti otterremo questi guadagni e insieme, pregando mentre commettiamo sopraffazioni e colpe, li convinceremo (πείθοντες)[13] a lasciarci impuniti.>> (Plat. R*esp*. 366a, trad., M. Vegetti)

---

[11] <<ἀναγκάζουσι>> e <<ἄγοντες>> si trovano entrambi nello stesso passo e si riferiscono alla costrizione brutale a cui sono sottoposti gli ingiusti e gli empi nell'Ade, secondo l'opinione – riportata da Adimanto - di coloro che lodano la giustizia e biasimano l'ingiustizia. Il primo deriva dalla radice del verbo ἀναγκάζω (obbligare, costringere) e si riferisce all'obbligo di portare acqua in un setaccio, cui sono soggetti gli ingiusti e gli empi nelle paludi dell'Ade. Il secondo viene dalla radice del verbo ἄγω ed è usato nel testo con il significato di "imporre, condurre a forza" all'insegna dell'infamia, ad indicare un'altra costrizione adoperata nei riguardi degli ingiusti nell'Ade.

[12] <<πείσομεν>> proviene dalla radice del verbo πείθω ("persuadere, convincere, indurre"), <<βιασόμεθα>> dalla radice del verbo βιάζω ("far violenza, perseguitare, procurarsi con la forza"): entrambi sono usati per far riferimento alla costrizione, ora non brutale ora fisica e violenta, da praticare per sopraffare e conquistare ciò che si vuole, senza renderne giustizia.

Contesto B (relativo alla citazione 2a)

Dopo aver ascoltato le opinioni di Glaucone e Adimanto su cosa siano la giustizia e l'ingiustizia, Socrate mostra l'intenzione di avviare una nuova indagine, tenendo presente gli interventi che ci sono stati finora, promettendo il suo contributo al discorso, come meglio potrà. Glaucone e gli altri, allora, insistono perché Socrate non faccia mancare mai il suo aiuto nel discorso, e affinché quest'ultimo, il discorso, non venga abbandonato prima di aver stabilito con certezza che cosa siano la giustizia e l'ingiustizia e quali siano i vantaggi dell'una e dell'altra.

Citazione

2a   <<A questo punto Glaucone e gli altri insistettero (ἐδέοντο)[14] perché dessi in ogni modo il mio aiuto e non si abbandonasse il discorso prima che si fosse cercato a fondo che

---

[13] << πείθοντες>> viene dalla radice del verbo πείθω ed è usato nel contesto in cui Adimanto parla dei sacrifici (da fare) sufficienti per ingraziarsi gli dei, nel senso di "persuadere ingannando, convincere con donativi, sedurre, ingannare" in riferimento alle preghiere persuasive che gli ingiusti possono fare agli dei con l'aggiunta di doni e sacrifici.

[14]<<ἐδέοντο>> deriva dalla radice del verbo δέω, che significa normalmente "mancare, aver bisogno", qui è usato nella sua forma media δέομαι, che vuol dire anche "chiedere, domandare, pregare". Tenendo presente la frase e il contesto da cui è stato preso, vediamo che è utilizzato nel senso di "incalzare, insistere"; in questo caso Glaucone e gli altri incalzano, insistono intorno a Socrate perché si continui il discorso sulla giustizia, ribadendo la "mancanza" di chiarezza di fondo e la "necessità" di indagare ulteriormente per colmare questa lacuna, senza lasciargli altra via di scampo. δέομαι va inteso quindi come sinonimo di costringere.

cosa siano giustizia e ingiustizia e quali siano in verità i vantaggi dell'una e dell'altra>>. (Plat. R*esp.* 368c, trad. M. Vegetti)

Contesto C (relativo alle citazioni 3a, 3b, 3c, 3d)

Socrate, spinto dai presenti, decide di indagare più approfonditamente che cosa sia la giustizia e di farlo considerandola nell'ambito più grande, in modo che sia più facile apprendere, ambito che riguarda l'intera città e non più solo il singolo uomo. Socrate delinea così dapprima un'antropologia collaborativa, secondo la quale nessun uomo è autosufficiente ma ognuno è carente di molte cose e ha bisogno degli altri per procurarsele, passando successivamente alla genesi della città, originata dal fatto che uomini esperti in specifiche tecniche e lavori e incapaci in altri, si uniscono a formare un insediamento. Nasce così, per Socrate, la città, la quale si ingrandisce grazie alle molte tecniche indispensabili che ciascuno, per sua natura, fornisce. A un certo punto, però, la città si ingigantisce e questo arricchisce al punto da diventare una *polis tryphosa* che conduce alla ricerca di piaceri e intrattenimenti, alla dissoluzione di interi patrimoni e quindi alla guerra contro il vicino per la conquista del territorio.

Citazioni
3a   <<Non accade dunque che un uomo se ne associ un altro in ordine a un <u>bisogno</u>, e un altro ancora per un altro <u>bisogno</u> (χρεία)[15], e che avendone molti, molti si raccolgano in

---

[15] <<χρεία>>, vuol dire "uso, vantaggio, utilità, necessità bisogno" ed è legato ad altri termini – tutti più o meno dello stesso significato con qualche sfumatura, come χρείος ("risarcimento, interesse, affare, cosa utile, bisogno, debito, debito di natura, quindi fato, morte"), χρή ("è necessario,

un solo insediamento formando una comunità di reciproco aiuto – e a questo insediamento comunitario abbiamo dato il nome di città. Non è così?>>. (Plat. R*esp.* 369c, trad. M. Vegetti)

3b   <<Non penso perciò che l'opera potrà attendere il tempo comodo per chi la esegue, e che invece sia necessario (ἀνάγκη)[16] che il produttore segua il suo lavoro fino in fondo, non a tempo perso.>>
<<E' necessario (ἀνάγκη).>> (Plat. R*esp.* 370b- 370c, trad. M. Vegetti)

3c   <<E' dunque questo bisogno>>(χρεία), dissi io <<che determina la genesi dei commercianti nelle nostre città. Non chiamiamo forse commercianti quelli che svolgono i servizi di acquisto e vendita stando installati nel mercato, mercanti invece quelli che si spostano di città in città?>> (Plat. R*esp.* 371d, trad. M. Vegetti)

3d   <<Dove dunque potrebbero esserci presenti sia la giustizia sia l'ingiustizia? e insieme con quale delle componenti che abbiamo esaminato vi si sarebbero ingenerate?>>

---

bisogna, si deve,è fato, è destino"), il verbo χράομαι ("usare, utilizzare, praticare"), ecc. In riferimento alla frase e al contesto da cui è stato preso, sottolinea la non autosufficienza di ciascun uomo e il suo essere costretto a cercare il rapporto con l'altro per soddisfare i suoi molteplici bisogni.

[16] <<ἀνάγκη>>, significa "necessità, costrizione, destino ineluttabile. In questo caso è utilizzato in forma impersonale nel senso "è necessario, v'è necessità" a indicare come i bisogni differenti degli uomini e la loro non autosufficienza li costringano prima a collocarsi in un insediamento che pian piano assumerà la forma della città, e poi all'aiuto reciproco per via della necessità dello scambio.

<<Io>> disse <<non me ne avvedo, Socrate, a meno che non stiano in qualche loro reciproco bisogno>>(χρεία).>> (Plat. R*esp.* 371e- 372a, trad. M. Vegetti)

Contesto D (relativo alla citazione 4a)

Stabilita la concezione della differenza naturale tra gli uomini e la necessità che ogni uomo svolga una sola mansione, quella che gli riesce meglio, per svolgerla nel migliore dei modi, Socrate si sofferma a trattare dei difensori della città, che combattono i nemici esterni e controllano il comportamento dei cittadini interni, affermando come sia importante fornire loro un'adeguata educazione sin da bambini, quando sono da tenere sotto stretta sorveglianza, anche tra le mura private, mediante l'utilizzo di regole e divieti che tutti, all'interno della città, sono obbligati a seguire e a far rispettare.

Citazione
4a   <<In primo luogo dunque, a quanto sembra, noi dovremo sovrintendere ai narratori, e accettare quello che facessero di buono, rifiutare invece quello che non lo è. Convinceremo (πείσομεν)[17] sia le balie sia le madri a raccontare

---

[17]<<πείσομεν>> dalla radice del verbo πείθω, che significa "persuadere, convincere, indurre", qui è usato nel senso di "far ubbidire" qualcuno con persuasione, un persuadere non con l'inganno ("sedurre"), né con le preghiere ("supplicare") né tantomeno con donativi ("corrompere"), ma è un persuadere che richiede in qualche modo l'utilizzo della forza delle parole – in questo caso da adoperare con le balie e madri dei bambini, perché raccontino loro storie "selezionate", ammesse, spingendoli a sviluppare una certa maniera comportamentale, ossia quella propria dell'anima collerica. πείθω, quindi, è usato come sinonimo di una costrizione – quella nei confronti delle balie e delle madri - che rinvia e dà vita a un'altra costrizione – quella sui bambini predestinati da altri al ruolo di

ai bambini le storie ammesse, mettendo più impegno nel formare le loro anime con le favole che i corpi con le mani. Ma di quelle che ora raccontano, le più vanno respinte.>> (Plat. R*esp.* 377c, trad. M. Vegetti)

Contesto E (relativo alle citazioni 5a, 5b, 5c)

Avendo iniziato a trattare nello specifico il tipo di educazione da impartire ai prescelti e futuri difensori della città, Socrate stabilisce con i suoi interlocutori l'importanza di un'educazione fondata sull'obbligo , che colpisce, da un lato le madri e le balie, costrette a narrare ai bambini solo racconti e favole ammessi e pii e non altro, dall'altro lato i poeti e narratori, costretti a dover raccontare in un certo modo e determinati eventi, che mettano in luce la bontà della divinità - e non vizi e capricci – e il coraggio umile degli uomini. Tutta questa costrizione ha il fine di mantenere intatta la buona educazione della "città sana" e il futuro e presente comportamento coraggioso e collerico del difensore della città.

Citazioni
5a   <<Se vogliamo tentare in qualche modo di convincerli che nessun cittadino ne ha mai odiato un altro e che questo sarebbe addirittura empio, è piuttosto un tal genere di cose che i vecchi e le vecchie devono dire loro fin da bambini, e quando siano cresciuti anche i poeti dovranno essere costretti (ἀναγκαστέον) a narrare racconti prossimi a questi.>> (Plat. R*esp.* 378c-378d, trad. M. Vegetti)

---

difensori della città.

5b   <<E io risposi: <<Adimanto, non siamo poeti tu ed io in questo momento, ma fondatori di una città: e ai fondatori conviene conoscere le tracce nel cui ambito i poeti devono comporre i loro racconti e che <u>non si deve permettere loro di trasgredire</u> (οὐκ ἐπιτρεπτέον). Ma non tocca certo ad essi di fare racconti poetici>>. (Plat. R*esp*. 378e-379a, trad. M. Vegetti)

5c   <<Ma <u>non bisogna lasciare</u> (οὐκ ἐατέον) che il poeta dica che quelli erano infelici perché pagavano il fio delle loro colpe e che era il dio a renderli tali. Se invece i poeti dicessero che i cattivi avevano bisogno di essere puniti perché erano infelici, e che costringendoli a pagare il fio gli dei li beneficiavano, questo si può accettare. Ma affermare che un dio, che è buono, possa essere responsabile di mali per chiunque – <u>bisogna lottare in ogni modo</u> (διαμαχετέον)[18] perché

---

[18] <<ἀναγκαστέον>>, <<οὐκ ἐπιτρεπτέον>>, <<οὐκ ἐατέον>>, <<διαμαχετέον>> sono tutti aggettivi verbali che (nell'ambito delle citazioni 5a,5b,5c) indicano la necessità dell'azione, e quindi si presentano come sinonimi di costrizione e il significato dei verbi da cui discendono funge da rafforzativo, a sottolineare la costrizione a cui sono sottoposti i poeti e i narratori nella città ideale, che continua a essere descritta da Socrate.
Il primo aggettivo deriva dalla radice del verbo ἀναγκάζω, che vuol dire direttamente "costringere, obbligare" legato al sostantivo ἀνάγκη (necessità, costrizione").
Il secondo aggettivo proviene dalla radice del verbo ἐπιτρέπω, che significa "permettere, concedere, fare concessione, cedere"; composto dal verbo τρέπω ("volgere, rivolgere") e dal prefisso ἐπί ("su, sopra, verso"), si riferisce, unito alla negazione, alla necessità di totale assenza di flessibilità verso poeti trasgressori.
Il terzo aggettivo deriva dalla radice del verbo ἐάω ("lasciare, permettere, consentire") che, unito alla negazione <<οὐκ>>, esprime la costrittiva "mancanza di permesso" di raccontare liberamente, affinchè i poeti non narrino fatti che vadano contro i fondamenti dell'educazione.
Il quarto aggettivo proveniente dalla radice del verbo διαμάχομαι ("combattere, lottare"), è usato per mettere in chiaro l'atteggiamento dei

nessuno lo dica nella propria città, se questa deve essere retta da buone leggi, e perché nessuno, giovane o vecchio, possa ascoltare un tale racconto, che sia narrato in versi o in prosa, poiché questi discorsi se fossero pronunciati non sarebbero pii, né utili a noi né concordanti con se stessi.>> (Plat. R*esp.* 380b-380c, trad. M. Vegetti)

---

responsabili dell'educazione della città contro poeti e narratori che raccontano storie non ammesse, ossia un atteggiamento di assoluta severità e conflitto, che porta i primi ad imporsi con il metodo della costrizione, obbligando i poeti a fare come loro dicono oppure a lasciare la città in caso di rifiuto.

Libro III

Contesto A (relativo alle citazioni 1a, 1b, 1c)

Soffermandosi sempre sull'educazione ideale da impartire ai futuri difensori e capi della città, Socrate ribadisce l'importanza di tenere sotto stretta sorveglianza i poeti e i narratori di qualunque genere, al fine, da un lato di non permettere loro in nessun modo di creare poemi e racconti che influenzino in maniera negativa – con forte spinta al pianto, al lamento, alla paura della morte, all'autocommiserazione – i futuri difensori e capi della città, e dall'atro lato di costringerli a dire ai giovani che tutto ciò che è stato detto sugli dèi capricciosi e generatori di mali e di discordie è del tutto falso.

E' impossibile, ripete Socrate, che da ciò che è buono, come la divinità, venga del male e non del bene.

Citazioni
1a   <<Non bisogna inoltre permettere (Οὐ ἐατέον)>> che i nostri uomini siano sensibili ai doni e avidi di ricchezze.>> <<In nessun modo.>> (Plat. R*esp.* 390d-390e, trad. M. Vegetti)

1b   <<Quanto all'aver trascinato Ettore intorno alla tomba di Patroclo e sgozzato i prigionieri sulla sua pira, tutte queste cose non diremo siano state narrate secondo verità, né permetteremo

(οὐδ' ἐάσομεν)[19] che i nostri uomini vengano convinti che Achille, il figlio di una dea e di Peleo – uomo di grandissima moderazione e nipote di Zeus -, e allevato dal sapientissimo Chirone, fosse in preda ad un tale marasma da aver in sé due malattie contrarie l'una all'altra, un'illiberale meschinità accompagnata da avidità, e dall'altra parte un superbo disprezzo di dèi e uomini.>> (Plat. R*esp.* 391b-391c, trad. M. Vegetti)

1c   <<Costringiamo (προσαναγκάζωμεν)[20] invece i poeti a dire che non sono opere loro, oppure che essi non sono figli di dèi, ma a non affermare entrambe le cose né a cercare di convincere i nostri giovani che gli dèi generano dei mali e che gli eroi non sono per nulla migliori degli uomini: perché, come appunto si diceva prima, queste cose non sono né pie né vere. Abbiamo infatti dimostrato che è impossibile che dagli dèi vengano dei mali.>> (Plat. R*esp.* 391d-391e, trad. M. Vegetti).

[19] <<Οὐ ἐατέον>> e <<οὐδ' ἐάσομεν>> provengono entrambi dalla radice del verbo ἐάω, che significa "lasciare, permettere, consentire". Nel contesto il verbo ἐάω, sia come aggettivo verbale sia come futuro attivo, in un unione con le negazioni οὐ e οὐδέ, è utilizzato per asserire la grande responsabilità e il senso del dovere dei soggetti che non devono "permettere, consentire", una illimitata libertà di espressione a poeti e narratori e, allo stesso tempo, per mettere in chiaro l'obbligo e il severo controllo nei confronti di poeti e narratori, a cui non deve "essere permesso, consentito", di parlare degli eventi, degli eroi, delle divinità in maniera non lecita, che vada contro i principi della buona educazione e quindi contro un giusto ed idoneo sviluppo intellettuale, fin da giovani, dei futuri difensori e capi della città.

[20]<<προσαναγκάζωμεν>> proviene dalla radice del verbo προσαναγκάζω. Formato dall'unione del verbo ἀναγκάζω ("costringere, obbligare") e del prefisso πρός ("verso, a, per, contro, da parte di"), προσαναγκάζω può essere usato con il semplice significato di "costringere" e anche come "costringere discutendo, costringere con la pratica, accostare a forza". Con esso si vuole esprimere quindi un tipo di costrizione più legata alla forza persuasiva che alla forza bruta e fisica.

Contesto B (relativo alle cit. 2a,2b,2c)

Sempre discutendo sui principi dell'educazione da impartire ai futuri difensori e governanti della città, Socrate ribatte la necessità della cacciata dalla città di tutti quei poeti e narratori che, pur avendo grande talento e meritando di essere lodati dagli altri, costruiscono la narrazione mediante l'imitazione di tutte le cose, spingendo i bambini a imitare gli uomini coraggiosi, valenti, saggi e liberi ma anche i pazzi, gli uomini malvagi e le donne piagnucolose, cosa nociva per lo sviluppo mentale delle future guardie e dei futuri reggenti della città.
   In seguito Socrate passa a discutere della questione del canto melodico: del fatto che il canto è composto di parole, armonia e ritmo; che l'armonia e il ritmo devono essere adattati alle parole, che bisogna eliminare le armonie e i ritmi basati su pianti, lamenti, mollezza e pigrizia; e che bisogna obbligare la melodia ad adattarsi al discorso di chi segue i ritmi di una vita ordinata e coraggiosa, e non invece il discorso alla melodia.

Citazioni
2a <<Un uomo dunque, a quanto pare, capace per sua sapienza di trasformarsi in ogni sembianza e di imitare tutte le cose – se venisse in città da noi volendosi esibire con i suoi poemi, ci prosterneremmo davanti a lui come persona sacra e ammirevole e gradevole, ma gli diremmo che non esiste nella nostra città un uomo siffatto e neppure è lecito che vi sopraggiunga, e cosparsogli il capo di mirra e incoronatolo di bende, lo manderemo via (δ' ἂν ...ἀπονέμποιμέν)[21] verso un'altra città. (Plat. R*esp*. 398a, trad. M. Vegetti)

---

[21] << δ' ἂν ...ἀπονέμποιμέν>> viene dalla radice del verbo ἀπονέμπω, che

2b   <<Non conosco le armonie>> dissi <<ma lasciaci quella che possa convenientemente imitare i toni di voce di un uomo coraggioso impegnato in un'azione di guerra e in ogni impresa cui è costretto (ἐν πάσῃ βιαίῳ ἐργασίᾳ) – e che, se per una sorte avversa va incontro alle ferite e alla morte o che è caduto in qualche altra sventura, in tutti questi frangenti sopporta con fermezza i colpi della fortuna. E poi lasciane un'altra, adatta a chi attende ad un'azione di pace e non compiuta sotto costrizione (μὴ βιαίῳ)[22] bensì volontariamente: o mentre cerca di convincere qualcuno di qualcosa e lo esorta con la preghiera se è un dio, con l'insegnamento e il monito se è un uomo; o al contrario si mostra aperto alle richieste e agli insegnamenti e alle dissuasioni che gli vengono da un altro uomo; e che, avendo in tal modo realizzato, non se ne insuperbisca, ma in tutte queste circostanze si comporti con moderazione e misura,

---

significa "mandare via, rimandare, congedare, espellere, eliminare". E' composto dal verbo νέμπω (" mandare, inviare") e dal prefisso ἀπό ("da, lontano da") ed è usato nel contesto nel senso di cacciare, mandare via con la forza poeti e narratori che incitano i bambini ad imitare i comportamenti leciti ed illeciti, coraggiosi e vigliacchi, saggi e sconsiderati, mentre per Socrate non dovrebbero essere permessi nell'imitazione i comportamenti amorali.

[22] <<ἐν πάσῃ βιαίῳ ἐργασίᾳ>> e <<μὴ βιαίῳ>>, provenienti entrambi da βίαιος-α-ον in riferimento a βία ("forza, violenza") e con la duplice funzione di (attributo) aggettivo ("violento, costretto, non volontario") e di (complemento) avverbio ("per forza, con violenza, con sforzo"), sono usati per risaltare l'importanza dell'armonia dorica e dell'armonia frigia rispetto a tutte le altre, le quali due possono imitare rispettivamente i toni di voce di un uomo coraggioso impegnato in un'azione di guerra e in altre a cui è costretto e che affronta e sopporta con fermezza, e i toni di voce di un uomo impegnato in un'azione di pace compiuta volontariamente e non sotto costrizione e che in ogni situazione si comporti con senso della misura e accolga con gioia gli eventi.

accogliendo con soddisfazione gli eventi.>> (Plat. R*esp.* 399a,b,c, trad. M. Vegetti)

2c <<Su allora>> dissi <<purifichiamo anche il resto. Di seguito alle armonie ci sarebbe da affrontare la questione dei ritmi – non andare in caccia di quelli variati né di ogni sorta di piedi, ma vedere quali siano i ritmi propri di una vita ordinata e coraggiosa; dopo averli individuati, <u>obbligare</u> (ἀναγκάζειν)[23] il piede e la melodia ad adattarsi al discorso di chi vive in tal modo, non invece il discorso al piede e alla melodia.>> (Plat. R*esp.* 399e, 400a, trad. M. Vegetti)

Contesto C (relativo a cit. 3a)

Procedendo nella discussione sulla migliore educazione da impartire a coloro che un giorno avranno il compito della difesa o le redini del comando della città, Socrate continua ad insistere sulla responsabile e doverosa attività di supervisione sulle produzioni di poeti e narratori e anche degli artigiani. E' essenziale, per Socrate, controllarli e costringerli a rappresentare nelle loro opere il carattere buono e non quello malvagio, in modo che difensori e reggenti della città sin da piccoli siano allevati tra le immagini del "bello" e della "buona grazia" e non tra quelle del vizio, e pertanto siano condotti inconsapevolmente all' "identificazione, all'amicizia, <u>all'armonico accordo con la bella ragione</u>".

[23] <<ἀναγκάζειν>> vuol dire qui "costringere, obbligare" in riferimento all'azione coercitiva da compiere sul canto melodico in modo da epurarlo dagli aspetti negativi e renderlo degno propulsore dell'educazione formativa di futuri difensori e reggenti della città: adattare con forza il piede e la melodia al discorso di chi segue ritmi di vita ordinata e coraggiosa e non il discorso al piede e alla melodia.

Citazione

3a   <<Ma allora solo ai poeti dovremmo imporre (ἐπιστατητέον) la nostra supervisione obbligandoli (προσαναγκαστέον) a rappresentare nelle loro opere l'immagine del carattere buono (pena il non poetare da noi), o piuttosto dovremmo sorvegliare anche gli altri artigiani, proibendo (διακωλυτέον)[24] loro di rappresentare questo carattere malvagio, con la sua incontinenza, meschinità e malagrazia, sia nelle immagini dei viventi sia nella costruzione di edifici sia in qualunque altro prodotto artigianale (salvo il rifiuto di permetter loro di operare da noi se non sono capaci di operare altrimenti), sì che i nostri difensori non siano allevati tra le immagini del vizio, come in un cattivo pascolo, e ogni giorno, poco a poco, non ne raccolgano molte fra le tante e se ne

---

[24] <<ἐπιστατητέον>>, <<προσαναγκαστέον>>, <<διακωλυτέον>> sono tutti aggettivi verbali, provenienti dalla radice di verbi diversi, il cui significato però inerisce al senso di coercizione.

Il primo aggettivo verbale deriva dalla radice del verbo ἐπιστατέω, che significa "presiedere, sovrintendere, avere incarico, cura" e rimanda all'imposizione del controllo su poeti, narratori e artigiani.

Il secondo aggettivo viene dalla radice del verbo προσαναγκάζω, formato dall'unione del verbo ἀναγκάζω ("costringere, obbligare") e dal prefisso πρός ("verso, per, contro, da parte di, a"), ed è utilizzato con l'intento di rimarcare il carattere di costrizione esercitato su poeti, narratori e artigiani, più "persuasivo" (verbale o scritto) che fisico. Questo si può desumere dal fatto che προσαναγκάζω vuol dire non solo semplicemente "costringere" ma anche "dimostrare, costringere discutendo, costringere con la pratica".

Il terzo proviene dalla radice del verbo διακωλύω che significa impedire, ostacolare, proibire" ed è costituito dall'unione del verbo κωλύω ("impedire, ostacolare, rifiutare, vietare") e del prefisso διά ("per, a causa di, per mezzo di, attraverso, durante"), in riferimento al divieto imposto a poeti, narratori e artigiani di rappresentare l'immagine del carattere malvagio.

alimentino, ammassando senza accorgersene un'unica grande mole di vizio nelle loro anime? Non sarà meglio invece cercare le tracce della natura del bello e della buona grazia, in modo che i giovani, come se abitassero in un luogo sacro, traggano giovamento da ogni suo aspetto – onde ciò che proviene dalle opere belle colpisca la loro vista e il loro udito, come un'aura che reca salute provenendo da luoghi benefici, e fin da bambini, inconsapevolmente, li conduca all'identificazione, all'amicizia, all'armonico accordo con la bella ragione?>>
<<Nel modo di gran lunga migliore>> dissi, <<così verrebbero allevati>> (Plat. R*esp.* 401b-401d, trad. M. Vegetti)

Contesto D (relativo a cit. 4a)

Sempre per quanto concerne il modo migliore di allevare i bambini della città in vista dei loro futuri doveri e attività, Socrate parla dell'essenzialità della educazione musicale e della ginnastica, coltivate insieme nella loro semplicità, al fine di garantire alla città un "difensore armonico", avente in armonia le sue tre parti dell'anima, e non un "difensore disarmonico" che potrebbe risultare pericoloso e nocivo alla città stessa e ai suoi abitanti. Nella loro semplicità, infatti, per Socrate, la musica produce moderazione, la ginnastica salute nel corpo, mentre chi è educato solo con la musica o solo con la ginnastica, inevitabilmente finisce per condurre una vita squilibrata, così come una cattiva dieta che genera malattie. E queste ultime inducono ogni cittadino a trascurare la propria specifica mansione, e quindi a privarsi dell'unico mezzo di sostentamento, cosa che un povero non può accettare neanche per un breve lasso di tempo sufficiente a curare la sua malattia, al contrario un ricco sì che può.

Citazione

4a <<Il ricco invece, stiamo dicendo, non ha di fronte a sé nessun compito tale che la sua vita sarebbe impossibile se fosse costretto (ἀναγκαζομένῳ)[25] a rinunciarvi>>
<<In effetti non se ne sente parlare>> (Plat. R*esp.* 407a, trad. M. Vegetti)

Contesto E (relativo a cit. 5a, 5b, 5c,5d)

Dopo aver concluso la discussione sulla *paideia*, Socrate introduce bruscamente la questione della selezione del gruppo di potere, ossia dà inizio all'indagine per vedere chi è destinato a formare il gruppo dirigente della città e chi invece è destinato ad essere governato.

A parere del Filosofo sono degni di entrare a far parte della categoria dei governanti coloro che risultano determinati al massimo grado a fare per tutta la vita ciò che considereranno utile per la città e mai propensi o indotti a fare ciò che non lo è.

Per operare più facilmente questa selezione, secondo Socrate, sembra giusto tenere sotto controllo, fin dalla tenera età, questi "prescelti" e sottoporli anche a sofferenze, prove, fatiche e competizioni, in modo da vedere chi e in che misura riesce a raggiungere gli obiettivi prefissati e, in seguito,

---

[25] <<ἀναγκαζομένῳ >> proviene dalla radice del verbo ἀναγκάζω che vuol dire "costringere, obbligare". Nel contesto è utilizzato in riferimento all'"allevamento delle malattie" che costringe a stare lontani per un certo tempo dall'unico lavoro in cui si è specializzati e da cui dipende il sostentamento della propria vita. Questo "allevamento delle malattie" dal povero è avvertito come un male terribile, dovendo egli rinunciare al suo unico lavoro che gli garantisce i mezzi di sussistenza, dal ricco è praticato quasi con indifferenza avendo egli sempre di che sfamarsi anche senza svolgere la propria mansione per tutto il tempo necessario a curare la malattia.

stabilire chi far entrare nella cerchia dei governanti e chi scartare.

Citazioni

5a   <<Vanno dunque scelti tra gli altri difensori uomini tali che al nostro esame risultino nel più alto grado determinati a fare per tutta la vita ciò che riterranno utile per la città, e in nessun modo accetteranno di fare ciò che non lo è>>
<<Sono in effetti quelli più adatti>> disse.
<<Mi sembra però che li si debba tenere sotto osservazione in ogni età, per vedere se sono in grado di difendere questa decisione e non rischino – per effetto di incantesimo o di costrizione violenta (βιαζόμενοι) – di ripudiare, lasciandola cadere nell'oblio, l'opinione che si debba fare solo ciò che è meglio per la città>>. (Plat. *Resp.* 412d - 412e, trad. M. Vegetti)

5b   <<Ma certo>> disse, <<hai ragione: pare anche a me che sia involontaria la privazione di un'opinione vera.>>
<<E questo non succede a chi è vittima di una rapina, di un incantesimo o di una costrizione violenta? (βιασθέντες)>> (Plat. R*esp.* 413a – 413b, trad. M. Vegetti)

5c   <<Per "costretti con la violenza" (βιασθέντας)[26] intendo coloro che sono indotti a mutare opinione per un dolore o una sofferenza.>>

---

[26] <<βιαζόμενοι>>, <<βιασθέντες>>, <<βιασθέντας>> provengono dal verbo βιάζω, che significa "far violenza, essere costretto, essere sottomesso con la forza". Sono usati riguardo alla costrizione violenta cui sono sottoposti i difensori della città per ripudiare la loro determinazione nel ricercare sempre il meglio per la *polis*. In tutti e tre i casi, quindi, il verbo βιάζω fa chiaro riferimento ad una costrizione di tipo fisico, basata sulla forza bruta; Platone stesso, per bocca di Socrate, spiega che coloro i quali sono costretti

<<Ho compreso anche questo, disse, ed è corretto quello che dici.>> (Plat. R*esp*. 413b, trad. M. Vegetti)

5d   <<E bisogna esporli (θετέον) a fatiche, sofferenze e competizioni, nel cui corso si dovranno tener d'occhio queste stesse reazioni.>>
<<E' corretto>> disse.
<<Occorre poi>> dissi <<sottoporli (ποιητέον)[27] anche a una prova di un terzo tipo, quello relativo agli incantesimi, e osservare – proprio come si portano i puledri in mezzo ai rumori e al baccano per vedere se sono paurosi, così bisogna esporre i nostri giovani a situazioni spaventose, e poi d'altro canto ai piaceri, saggiandoli ancor più che l'oro col fuoco - se ognuno di essi appare capace di resistere all'incantesimo e di conservare la sua buona grazia in ogni circostanza, continuando ad essere buon difensore di se stesso e della musica che ha appreso, sì da restare in questi frangenti euritmico e armonioso, tale quindi da potersi rendere in

---

con la violenza sono quelli <<indotti a mutare opinione per un dolore o una sofferenza>>.

[27] <<θετέον>> e <<ποιητέον>> sono aggettivi verbali del secondo tipo -τέος-τέα-τέον, come quelli già incontrati prima. Il primo aggettivo deriva dalla radice del verbo τίθημι, che vuol dire "mettere, collocare, porre, esporre". Tenendo conto dell'aggettivo nel contesto, capiamo che questo "porre, disporre, esporre" i difensori di fronte a fatiche, prove, sofferenze e competizioni per testare la loro integrità, non è volontario, ma è soggetto a costrizione. Lo stesso dicasi per il significato assunto nel contesto dal secondo aggettivo, proveniente dalla radice del verbo ποιέω che generalmente vuol dire "fare, compiere, operare, porre in atto" , ma che qui rimanda al senso della coercizione: i giovani vengono "sottoposti" di fronte a situazioni di grande pericolo e di grande piacere per far sì che si provi la solida integrità della loro scelta di pensare prima di tutto e per tutta la vita all'utile della città.

massimo grado utile a se stesso e alla città.>> (Plat. R*esp.* 413d – 413e, trad. M. Vegetti)

Contesto F (relativo a cit. 6a)

Conclusa in linee generali la questione della selezione e instaurazione di governanti e difensori, Socrate discute con Glaucone dei grandi benefici derivanti dalla diffusione di un mito, pur se falso, che dia ai reggitori, ai difensori e ai rimanenti cittadini una fiducia e una dedizione impareggiabili nella propria capacità "naturale" e imprima un forte e sentito senso di appartenenza alla propria città, in breve che consolidi l'unità della *polis.*

Per Socrate, il mito di origine esiodea dei nati dalla terra e del codice metallico si presta proprio a questo scopo; tuttavia serve una grande capacità di persuasione per inculcare questo racconto nelle menti di governanti e difensori.

Anche Glaucone ammette l'efficacia del mito, se questo riesce a consolidarsi nella tradizione, generazione dopo generazione.

Citazione
6a   <<Ma a proposito di quelle menzogne che, come dicevamo ora, possono rendersi opportune, quale espediente potremo trovare per raccontarne una nobile e farla credere in primo luogo a quegli stessi governanti, altrimenti almeno al resto della città?>>
<<Quale?>> disse.
<<Niente di nuovo>> dissi io, <<ma qualcosa di fenicio, che è già accaduto in passato in molti luoghi, come raccontano i poeti che l'hanno fatto credere, ma che non è successo ai nostri

tempi e non so se potrebbe succedere; comunque ci vuole molta forza di persuasione (συχνῆς πειθοῦς)[28] per farlo credere.>> (Plat. *Resp.* 414b - 414c, trad. M. Vegetti)

---

[28] <<συχνῆς πειθοῦς>>: πειθώ-οῦς indica propriamente "la persuasione, la capacità o facoltà di convincere" usata su qualcuno, in questo caso sui governanti e sui difensori per renderli più uniti e convinti nelle proprie rispettive mansioni. L'aggettivo συχνός-ή-όν vuol far intendere la grandezza, le dimensioni elevate di questa <<forza di persuasione>> necessaria a far credere qualcosa come il fatto che la divinità quando ha plasmato gli uomini, nella generazione dei governanti abbia mescolato dell'oro, in quella delle guardie dell'argento, in quella dei contadini e degli artigiani, ferro e bronzo. Si tratta di una persuasione che mette piede nel territorio della costrizione, pur se non di tipo fisico.

Libro IV

Dopo che Socrate ha finito di parlare dell'austerità che deve essere praticata dai difensori nella loro vita, Adimanto interviene nel dialogo facendo notare al filosofo che i difensori, adeguandosi a queste regole, non godranno affatto della felicità di cui invece usufruiranno gli altri che possiedono terre e oro e argento, si costruiscono case belle e grandi, ecc.

Socrate ribatte che essi, come gli altri cittadini, potranno trovare la loro parte di felicità se costretti a cercare in tutti i modi di diventare i migliori artefici della loro funzione. Inoltre, concedere ai difensori oro, argento, mantelli purpurei e ogni altro tipo di ricchezza, ne farebbe tutto salvo che dei difensori. In aggiunta a ciò, per Socrate, la ricchezza e la povertà sono le cause del peggioramento delle tecniche e degli stessi governanti, difensori, artigiani.

Adimanto allora domanda a Socrate come la città finora descritta possa condurre una guerra contro una città grande e ricca.

Il filosofo risponde sostenendo che i difensori, spinti fin da giovani a ricercare la loro parte di felicità nella pratica e nel miglioramento della loro specifica funzione, potranno facilmente cavarsela contro uomini ricchi e grassi.

Citazioni

1a   <<Dunque ora <u>non obbligarmi</u> (μὴ ἀνάγκαζε) a concedere ai difensori una felicità tale che ne farebbe tutto salvo che difensori. Siamo certo capaci di vestire anche i contadini con mantelli purpurei, di incoronarli d'oro e poi di chiedere che coltivino la terra a piacer loro; oppure di far sdraiare i vasai da sinistra a destra, a bere e banchettare davanti al fuoco, e di metter loro accanto il tornio, per lavorare quando desiderino ; siamo capaci di render beati in questo modo anche tutti gli altri, perché infine l'intera città viva felice. Ma non consigliarci così: perché, se ti diamo ascolto, il contadino non sarà contadino, né il vasaio vasaio, e nessun altro svolgerà alcuno di quei ruoli dal cui ordine si forma la città.>> (Plat. R*esp*. 420d - 421a, trad. M. Vegetti)

1b   <<Bisogna dunque chiedersi se nell'istituire i difensori abbiamo mirato ad assicurar loro la massima felicità possibile, oppure, guardando alla città intera, è in essa che si deve osservarne lo sviluppo, mentre queste guardie e questi difensori <u>vanno costretti</u> (ἀναγκαστέον) e convinti a fare in modo di diventare i miglior possibili artefici della loro specifica funzione, e similmente tutti gli altri cittadini; e così, mentre la città tutta cresce nel buon governo, si lasci pure che a ciascuno dei gruppi la natura conceda di ottenere la sua parte di felicità>>. (Plat. R*esp*. 421b - 421c, trad. M. Vegetti)

1c   <<Ricchezza>> dissi io <<e povertà: perché la prima produce lusso e pigrizia e innovazione politica, la seconda in aggiunta al desiderio di innovazione, servilismo e inefficienza.>>

<<Proprio così>> disse. <<Tieni però conto di questo, Socrate: come sarà in grado la nostra città di condurre la guerra, dal momento che non possiede ricchezze, soprattutto se fosse costretta (κᾶν... ἀναγκασθῇ)[29] a combattere contro una città grande e ricca?>> (Plat. *Resp.* 422a, trad. M. Vegetti)

Contesto B (relativo a cit. 2a)

Socrate ritiene che una buona educazione possa produrre senso della misura e spingere gli uomini ad orientarsi facilmente in ogni cosa. In quelle città però, contrarie a quella finora descritta, dove non si smette mai di bere, di rimpinzarsi di cibo, di fare l'amore, di oziare, chi dice la verità è trattato come il peggior nemico e gli viene proibito, sotto minaccia di pena di morte, di cambiare la costituzione complessiva della città, pur

---

[29] <<μὴ ἀνάγκαζε>>, <<ἀναγκαστέον >> e <<κᾶν... ἀναγκασθῇ>> provengono dalla radice del verbo ἀναγκάζω, che, come ben sappiamo, vuol dire "costringere, obbligare". Il primo è un verbo all'imperativo presente accompagnato da un avverbio di negazione. Socrate chiede ad Adimanto di non "obbligarlo" a concedere ai difensori ricchezze che possano mettere in pericolo la loro condotta di vita austera, facendo leva su un'ingiusta e non equa distribuzione delle ricchezze e dei piaceri. Ad Adimanto non sembra corretto il fatto che ai difensori non sia concessa nemmeno la proprietà privata, mentre altri cittadini possono averla insieme a tanti altri agi. Per Socrate, ogni cittadino deve avere quanto sufficiente per mantenersi e per far sì che possa esercitare a pieno la sua mansione senza lasciarsi distrarre o corrompere da altre cose che, alla lunga, minerebbero l'unità e la stabilità della *polis*. Il secondo termine è un aggettivo verbale del tipo in - τέος-τέα-τέον che indica la necessità dell'azione e quindi, in riferimento al contesto, vuole far intendere la necessaria opera di costrizione cui devono essere soggetti i difensori in modo che possano creare le condizioni di massima felicità loro e della città. Il terzo termine fa leva sulle possibilità di una costrizione a cui sarebbe soggetta l'intera città nell'andare in guerra contro un'altra *polis* più ricca e più grande.

se iniqua e retta da una cattiva forma di governo; chi invece si mostra indulgente cerca di insinuarsi nelle grazie dei cittadini e riesce ad assecondare le loro intenzioni, costui è stimato dai cittadini di queste *poleis* come <<un uomo eccellente e grande saggio>>

Citazione

2a <<E dunque neanche un'intera città, come dicevamo poco fa, tu la approveresti se si comportasse così: perché non ti pare che facciano proprio la stessa cosa di costoro quelle città che hanno una cattiva forma di governo e però <u>proibiscono</u> (προαγορεύουσι)[30] ai cittadini di alterare la costituzione complessiva della città, sotto pena di morte per chi ci si provi; mentre chi applica la terapia più indulgente e compiace i cittadini che vivono sotto questa forma di governo, insinuandosi nelle loro grazie, cercando di prevedere le loro intenzioni e provandosi abile nel secondarle – costui verrà da loro onorato come un uomo eccellente e grande saggio.>> (Plat. R*esp.* 426b – 426c, trad. M. Vegetti)

---

[30]<<προαγορεύουσι>> deriva dalla radice del verbo προαγορεύω, che significa "dire prima, pronunciare, prescrivere, ordinare, ingiungere, intimare" ed è composto dall'unione del verbo ἀγορεύω ("proclamare, arringare, dichiarare, ingiungere") e del prefisso πρό ("davanti, innanzi, prima, precedentemente"). Nel contesto, questo verbo mette in luce l'intimazione che costringe i cittadini a non alterare le cattive forme di governo vigente e la costituzione, un'intimazione che viene seguita alla lettera in quanto sostenuta dalla minaccia e dalla paura della pena di morte.

Contesto C (relativo a cit. 3a)

Continuando nella sua descrizione della città ideale, Socrate inizia a parlare dell'anima: del fatto che nell'anima dello stesso uomo ci siano un elemento migliore e un elemento peggiore, di come il controllo dell'elemento peggiore da parte di quello migliore generi quella condizione che si chiama "esser più forte di sé", mentre la padronanza dell'elemento migliore da parte di quello peggiore determini la condizione opposta, "essere più debole di se stesso".

Tenendo conto di questo, per Socrate la città descritta fin adesso è più forte di se stessa, in quanto i desideri della moltitudine degli uomini da poco sono <<dominati>> dai desideri e dall'intelligenza di una minoranza di maggior valore.

Citazione

3a   <<Ma i desideri semplici e misurati, accompagnati da pensiero e opinione corretta e soggetti alla guida del ragionamento, li troverai in pochi: quelli di natura migliore e di migliore educazione>>

<<Vero>> disse.

<<E non vedi che anche questo è presente nella tua città, dove i desideri della moltitudine degli uomini dappoco <u>sono dominati</u> (κρατουμένας)[31] dai desideri e dall'intelligenza propri di una minoranza di maggior valore?>>

<<Io sì>> disse.>> (Plat. R*esp.* 431c – 431d, trad. M. Vegetti)

---

[31] <<κρατουμένας>> deriva dalla radice del verbo κρατέω, che vuol dire "essere forte, dominare, regnare". Nel testo è usato come participio medio-passivo e quindi assume il significato di "essere vinto, essere dominato" con riferimento ai desideri di una moltitudine di uomini mediocri, di minor valore, i quali sono dominati, sopraffatti dai desideri e dall'intelligenza di pochi uomini di maggior valore. Questo dominio – questa sopraffazione - quindi è da intendere come sinonimo di costrizione.

Contesto D (relativo a cit. 4a, 4b, 4c, 4d, 4e)

Avendo cominciato a parlare dell'anima, Socrate prosegue il dialogo con i suoi interlocutori intorno all'argomento.

A un certo punto spunta la domanda formulata da Socrate riguardo alla costituzione dell'anima: essa è una, intera, indivisibile, oppure è costituita da più parti?

Qui Socrate inizia a distinguere tre diverse attività a cui corrispondono le tre parti dell'anima, che viene quindi tripartita dal filosofo. Esse sono la parte razionale, la parte irascibile e la parte concupiscibile o desiderante. Per Socrate, proprio attraverso queste parti e grazie al rapporto reciproco di comando e sottomissione che si viene ad istituire tra loro, si produce giustizia.

Citazioni

4a   <<Comunque>> dissi io, <<per non essere costretti (μὴ ἀναγκαζώμεθα)[32] a dilungarci discutendo in dettaglio tutte queste obiezioni al fine di assicurarci che non sono vere, assumiamo come ipotesi che la cosa sta in questi termini e procediamo

---

[32] <<μὴ ἀναγκαζώμεθα>> proviene dalla radice del verbo ἀναγκάζω. Nel testo il verbo è unito all'avverbio di negazione μὴ ed è utilizzato per mostrare la vastissima varietà di argomenti a favore o contro l'idea che compiamo ogni azione con l'anima tutta intera e di quelli a favore o contro l'idea che compiamo ogni azione con parti divise dell'anima. Inoltre si sottolinea anche il forte legame tra un argomento e un altro, tra un'obiezione e un'altra, e come un'idea "necessariamente spinga ad un'altra in una catena senza fine". Ecco perché Socrate stabilisce con il suo interlocutore di non dilungarsi nei dettagli, ma di assumere un'ipotesi vera, fino a prova contraria, in modo da sfuggire alla forza costrittiva di questa catena in cui ogni anello (obiezione, idea, opinione, argomento) è legato ad un altro.

oltre, con l'accordo che, se mai risultasse altrimenti che così, tutte le conseguenze che ne abbiamo derivato risulteranno infondate>> (Plat. R*esp.* 437a, trad. M. Vegetti)

4b   <<Che cosa allora si potrebbe dire in questi casi?>> dissi io. <<Non ci sarà nella loro anima una parte che <u>ordina</u> (τò κελεῦον)di bere, e un'altra che lo <u>proibisce (</u>τò κωλῦον)[33], e questa seconda è diversa dall'altra e la domina?>> <<A me pare>> disse.>> (Plat. R*esp.* 439c, trad. M. Vegetti)

4c   <<Però>> dissi io <<c'è una storia che ho sentito una volta e in cui credo. Leonzio, il figlio di Aglaion, mentre saliva dal Pireo costeggiando dall'esterno il muro settentrionale, si accorse che c'erano dei cadaveri che giacevano vicino al boia, e allo stesso tempo desiderava di guardarli ma provava ripugnanza e si volgeva dall'altra parte. Per qualche istante lottò con se stesso e si coprì il viso, ma poi, <u>vinto</u> (κρατούμενος)[34]

---

[33]<<κελεῦον>> e << κωλῦον>> derivano rispettivamente dalla radice dei verbi κελεύω, che significa "esortare, incitare, ordinare, comandare", e κωλύω, che vuol dire "impedire, vietare, proibire". Il primo viene usato per far riferimento alla funzione desiderante dell'anima, che spinge con forza l'uomo a bere, a mangiare, a fare l'amore, ad oziare; il secondo per far chiarezza sulla funzione razionale dell'anima, che vieta con violenza all'uomo di dar retta ai suoi desideri, in quanto potrebbero condurlo alla sofferenza, alla malattia, al dolore.

[34] <<κρατούμενος >> viene dalla radice del verbo κρατέω, che vuol dire "essere forte, comandare, dominare"; nel testo è usato al participio presente medio- passivo nel senso di "essere vietato, essere domato", sebbene, dando un'occhiata al contesto, si denota chiaramente la costrizione dietro questa vittoria della parte desiderante su quella collerica, ben espressa nella storia

dal desiderio , spalancò gli occhi e corse verso i cadaveri dicendo: "Ecco, voi disgraziati, saziatevi di questo spettacolo">> (Plat. R*esp.* 439e – 440a, trad. M. Vegetti)

4d   <<E queste due parti, così allevate e veramente educate in modo da apprendere ciò che è loro proprio, prenderanno il controllo di quella desiderante – che è la più grande nell'anima di ciascuno e per sua natura è la più insaziabile di ricchezze : essa va sorvegliata per evitare che, diventata grande e forte gonfiandosi dei cosiddetti piaceri connessi al corpo, cessi di svolgere la propria funzione e <u>tenti di ridurre in servitù</u> (καταδουλώσασθαι)[35] e sotto il suo potere le altre parti , ciò che non le si addice per la sua origine, sovvertendo così l'intiero modo di vita di ognuno.>> (Plat. R*esp.* 442a – 442b, trad. M. Vegetti).

4e   <<E dal canto suo >> dissi <<produrre giustizia non significa istituire fra le parti dell'anima un rapporto reciproco, conforme a natura, di <u>comando</u> (κρατεῖν) e <u>sottomissione</u>

---

di Leonzio, la cui parte desiderante vince la ripugnanza e costringe, con il desiderio, i suoi occhi a saziarsi dell'orribile spettacolo dei cadaveri dei condannati a morte che giacevano vicino al boia.

[35] <<καταδουλώσασθαι>> deriva dalla radice del verbo καταδουλόω, che è costituito dall'unione del verbo δουλόω ("rendere schiavo, asservire, assoggettare") e dal prefisso κατά ("giù, dall'alto in basso, verso giù, sopra"). Nel contesto, il verbo è usato per porre l'accento sulla pericolosità della pratica, il "ridurre in schiavitù" la parte razionale e la parte collerica, assunta dalla parte desiderante, una volta sfuggita al controllo delle altre due e all'ammansimento indotto dalla perfetta fusione di musica e ginnastica.

(κρατεῖσθαι)[36]; ingiustizia, invece, una situazione in cui le une esercitano e le altre subiscono il potere contro natura?>> <<Certo<< disse.>> (Plat. R*esp*. 444e, trad. M. Vegetti).

---

[36] <<κρατεῖν>> e <<κρατεῖσθαι>> provengono dalla radice dello stesso verbo, κρατέω. Nel primo caso è usato all'attivo ("dominare, comandare, regnare") e nel secondo caso al medio–passivo ("essere domato, essere comandato, essere sottomesso"), con chiaro riferimento al tipo di rapporto reciproco, di comando e sottomissione, che si viene ad istituire tra le parti dell'anima al fine di produrre giustizia.

Libro V

Contesto A (relativo a cit. 1a, 1b, 1c)

Dopo che Socrate ha concluso la sua discussione sulla costituzione, Adimanto, non contento, propone al filosofo di tornare sulla questione della comunanza di donne e figli per i difensori della città, e di approfondirla.

Incitato anche dagli altri interlocutori a discuterne, Socrate, pur con qualche esitazione, decide di parlarne. Il filosofo asserisce quindi che le donne debbono essere educate alla musica e alla ginnastica; che le migliori in età riproduttiva debbono essere accoppiate, per decisione dei governanti, con i migliori difensori; che anche i loro figli, come loro, debbono essere messi in comune, tranne che con il padre, la madre, i fratelli, le sorelle e i discendenti; e che anche le donne possono partecipare alla guerra con compiti più leggeri vista la debolezza del loro genere. Tutto ciò al fine di garantire una comunanza di piaceri e dolori che tengono uniti i membri della città.

Citazioni

1a   <<Ma costruire l'argomentazione nel mezzo di una condizione di dubbio e di ricerca, proprio come faccio io, è

temibile e rischioso: il timore non è di incorrere nel ridicolo (questo sarebbe davvero infantile), ma di mancare la presa sulla verità, e di precipitare non da solo, ma <u>trascinando</u> (συνεπισπασάμενος)[37] con me anche gli amici, proprio sulle cose in cui meno si dovrebbe cadere in errore.>> (Plat. R*esp*. 450e-451a, trad. M. Vegetti).

1b   <<Di gran lunga>> dissi. <<Ma detto questo, Glaucone, che regni il disordine nelle unioni reciproche o in qualsiasi altra azione, non sarebbe lecito in una città felice, e <u>non lo permetteranno</u> (οὔτ᾽ ἐάσουσιν) [38] i governanti>> (Plat. R*esp*. 458d- 458e, trad. M. Vegetti).

1c   <<E questi magistrati si prenderanno cura anche della nutrizione: condurranno le madri al nido quando abbiano il

---

[37] <<συνεπισπασάμενος>> viene dalla radice del verbo συνεπισπάω, che vuol dire "tirare insieme, attrarre, essere trascinato" ed è composto dall'unione del verbo ἐπισπάω ("tirare, attirare, trascinare") e del prefisso σύν ("con, insieme"). Nel testo è usato con lo scopo di rendere chiara l'idea di questo poter essere spinti, attraverso argomentazioni e opinioni sbagliate, e di <<trascinare insieme a sé>> nell'errore i propri interlocutori, che Socrate considera degli <<amici>>, invece che alla verità e alla sapienza. Ciò che sembra spaventare Socrate e che lo fa esitare, è il timore del formarsi un tipo di costrizione, ad opera del procedere stesso del discorso, che induca lui stesso e i suoi interlocutori ad accettare per vero ciò che al contrario è falso.

[38]<<οὔτ᾽ ἐάσουσιν>> proviene dalla radice del verbo ἐάω, che significa "lasciare, permettere, consentire". Nel contesto, in unione con l'avverbio di negazione οὔτε, viene utilizzato per rimarcare la severa vigilanza anche in materia di unioni sessuali, in modo che esse non intacchino l'unità della *polis*. Il fatto che i governanti <<non permettono>>disordini nelle unioni tra donne e difensori, induce a credere che stabiliranno severe leggi al fine di tutelare le unioni lecite e di condannare quelle illecite – ossia "costringeranno" le donne migliori ad accoppiarsi con i difensori migliori, finché sono in età riproduttiva, senza tenere in nessun conto i desideri e i sentimenti degli uni e degli altri.

seno pronto ad allattare, mettendo in opera ogni accorgimento perché nessuna di esse possa riconoscere il proprio figlio, e procureranno alle donne che abbiano latte se le madri non bastano; per le madri stesse, staranno comunque attenti che allattino per un tempo misurato, mentre <u>imporranno</u> (παραδώσουσιν)[39] le veglie insonni e le altre fatiche a balie e bambinaie>>(Plat. R*esp.* 460c- 460d, trad. M. Vegetti)

Contesto B (relativo a cit. 2a, 2b)

Dopo aver descritto nei dettagli la comunanza delle donne e dei figli, Socrate passa a considerare il comportamento idoneo che i difensori debbono tenere in guerra.

In caso di una guerra civile, Socrate insiste sul fatto che i Greci non debbono farsi male tra di loro in maniera eccessiva e ridursi a vicenda in schiavitù, ma che debbono portare avanti un conflitto civile con rispetto reciproco fino alla cattura e uccisione dei responsabili dell'inizio della discordia.

<u>Citazioni</u>

[39] <<παραδώσουσιν>> Il terzo vocabolo deriva dalla radice del verbo παραδίδωμι, che significa "dare, consegnare, affidare" ed è costituito dall'unione del verbo δίδωμι ("dare, donare, offrire") e del prefisso παρά ("accanto, vicino, presso, da, da parte di"). Tenendo presente il contesto, il verbo si riferisce all'operato di quei magistrati che controllano le unioni tra donne e difensori e si prendono cura anche della nutrizione, facendo attenzione che le madri allattino per un tempo misurato i loro figli e affidando i lavori più faticosi e spossanti alle balie. Di conseguenza, il verbo sembra esprimere più "un'imposizione" che un "incarico di fiducia" dato alle balie.

2a   <<In primo luogo, a proposito della riduzione in schiavitù. Ti sembra giusto che città greche riducano in schiavitù uomini greci, o invece non si dovrebbe nella misura del possibile impedirlo anche a ogni altra, <u>imponendo</u> (τοῦτο ἐθίζειν)[40] l'uso di risparmiare il popolo greco, in modo di guardarsi dal pericolo di asservimento a opera dei barbari?>> <<Risparmiare i Greci>> disse <<è assolutamente importante>> (Plat. R*esp.* 469b- 469c, trad. M. Vegetti)

2b   <<Dunque, Greci, non saccheggeranno la Grecia, non bruceranno le sue case, non accetteranno di considerare come loro ostile l'intera popolazione di una città, uomini donne e bambini, ma individueranno come tali i responsabili della discordia, che sono sempre pochi. E per tutte queste ragioni non vorranno devastarne il territorio, visto che per la maggior parte sono amici, né abbatterne le case, ma porteranno avanti il conflitto solo fino al momento in cui i colpevoli <u>saranno costretti</u> (ἀναγκασθῶσιν)[41] a render giustizia degli innocenti che

---

[40] <<ἐθίζειν>> proviene dalla radice del verbo ἐθίζω, che vuol dire "abituare , avvezzare". Per Socrate non è tollerabile che città greche lottino fino all'ultimo sangue tra loro e riducano in schiavitù uomini greci; da qui il dovere di impedirlo nella <<misura del possibile>>, introducendo l'abitudine di risparmiare il popolo greco tra tutte le città greche. E questa abitudine – questo ἔθος, a cui si richiama pure il verbo ἐθίζω -, che viene introdotta per salvaguardare il popolo greco, è presentata nel contesto come qualcosa a cui bisogna assuefarsi presto o tardi "necessariamente". L' ἔθος qui si presenta, dunque, come sinonimo di un tipo di costrizione che, accettato o meno, perde col tempo tutti i connotati che lo rendono tale, finendo, a lungo andare, con l'essere considerato in maniera più o meno indifferente.

[41] <<ἀναγκασθῶσιν>> proviene dalla radice del verbo ἀναγκάζω, che significa "costringere, obbligare" ed è usato in riferimento ai pochi e unici responsabili dell'inizio di un conflitto civile tra città greche, i quali, riconosciuti colpevoli di aver provocato sofferenze a degli innocenti, saranno soggetti a costrizione, ossia a rendere conto, volenti o nolenti, dei

soffrono per causa loro. (Plat. *Resp.* 471a- 471b, trad. M. Vegetti).

.

Contesto C (relativo a cit. 3a)

Tornato alla discussione su quale sia il miglior tipo di città, Socrate conclude che la *polis* ideale, giusta e perfetta, si riconosce subito dal fatto che al suo interno regnano i filosofi, cioè coloro che si apprestano ad apprendere con gioia ogni conoscenza e ne rimangono insaziabili. Solo se i filosofi salgono al potere, secondo Socrate, sarà possibile eliminare i mali che affliggono la città così come il genere umano.

Citazione
3a   <<A meno che>> dissi io <<i filosofi non regnino nelle città, oppure quanti ora son detti re e potenti non si diano a filosofare con autentico impegno, e questo non giunga a riunificarsi, il potere politico cioè e la filosofia, e ancora quei molti, la cui natura ora tende a uno di questi poli con esclusione dell'altro, <u>non vengano obbligatoriamente impediti</u> (ἀποκλεισθῶσιν)[42] - non vi sarà, caro Glaucone, sollievo ai mali

---

loro misfatti.

[42] <<ἀποκλεισθῶσιν>> proviene dalla radice del verbo ἀποκλείω, che significa "sbarrare, impedire" ed è composto dall'unione del verbo κλείω ("chiudere, bloccare") e del prefisso ἀπό ("via da, da parte, lontano"). E' usato nel senso di "tenere chiuso fuori con la forza" in riferimento a coloro, fortemente condannati da Platone per bocca di Socrate, che praticano la filosofia con l'esclusione della politica o viceversa. Infatti solo i filosofi, che sono insaziabili di qualunque tipo di sapere e riconoscono l'esistenza sia delle cose belle sia della bellezza in sé, sono capaci di governare meglio ed eliminare i mali che affliggono le città e il genere umano; al contrario, i cosiddetti "amici dell'opinione", poiché scelgono di non congiungere potere politico e filosofia, e non ammettono l'esistenza della bellezza in sé, devono

della città, e neppure, io credo a quelli del genere umano; né mai prima d'allora questa costituzione, che il nostro discorso è venuto delineando, potrà nascere nei limiti della sua possibilità e veder la luce del sole.>> (Plat. R*esp.* 473d- 473e, trad. M. Vegetti)

---

essere costretti a stare lontano dalla città e dal potere, perché creerebbero più problemi che cose buone e vedrebbero la realtà solo vagamente con la loro mente "assonnata".

Libro VI

Contesto A (relativo a cit. 1a, 1b, 1c,1d, 1e,1f,1g,1h)

Dopo aver introdotto nella discussione la figura del filosofo contrapposta a quella dell'"amico dell'opinione", Socrate asserisce che proprio il filosofo, in quanto è dotato di buona memoria e facilità di apprendimento ed è amico sia della verità sia della giustizia sia della moderazione, ha il diritto di assumere la guida della città.

Per Socrate, infatti, i filosofi, una volta saliti al potere, governano meglio di chiunque altro la *polis* e incitano sempre a ricercare il bene, al contrario dei sofisti, per i quali sapere coincide con la capacità di identificare, e identificarsi sempre con gli interessi e le opinioni della folla, facendosela amica. C'è pure il pericolo che i filosofi, per loro desiderio di rinnovamento legato al bene in sé, vengano considerati malvagi e inutili dalla moltitudine, mentre i sofisti vengano trattati come uomini saggi ed eccellenti, poiché seguono e assecondano sempre la volubilità della folla.

Citazioni
1a   <<E sempre si affollano intorno all'isolato armatore, supplicandolo e facendo di tutto perché affidi loro il timone; e talvolta, se non riescono a convincerlo mentre altri hanno avuto miglior successo, uccidono questi ultimi o li gettano dalla nave,

immobilizzando il nobile armatore con la mandragora o l'ubriachezza o qualsiasi altro mezzo, e prendono loro il comando della nave, dando fondo alle provviste e bevendo e gozzovigliando; e navigano com'è verosimile facciano simili capitani; e ancora elogiano, chiamandolo gran navigatore e capitano e conoscitore di cose nautiche, chi sia abile nell'aiutarli ad assumere il comando, persuadendo l'armatore o costringendolo con la violenza (βιαζόμενοι)[43], mentre chi non si comporta così lo disprezzano come uomo inutile.>> (Plat. *Resp.* 488b- 488d, trad. M. Vegetti).

1b   <<E poiché tu hai obiettato che chiunque sarebbe stato costretto (ἀναγκασθήσεται)[44],   a convenire con quanto

---

[43]<< βιαζόμενοι >> viene dalla radice del verbo βιάζω, che significa "far violenza, costringere con la forza, perseguitare", con riferimento alla βία ("forza, vigore, violenza"). Dopo la dura critica rivolta da Adimanto al suo discorso, Socrate, al fine di dimostrare la preferibilità del governo del filosofo-re, ricorre all'allegoria dell'armatore: dopo essersi imposto al comando della nave, l'equipaggio elogia e accoglie chiunque sia abile nell'aiutarlo a mantenere il comando, esercitando sull'armatore forza di persuasione e anche costrizione violenta. Il verbo βιάζω pone fortemente l'accento sul carattere brutale e violento della costrizione cui è sottoposto l'armatore perché ottemperi alle richieste e ai desideri dell'equipaggio. Coloro che si rendono artefici di questa costrizione sull'armatore vengono stimati e apprezzati, invece coloro che non agiscono così, anche se sono grandi esperti di cose nautiche e interessati al bene di tutti, vengono ritenuti chiacchieroni e inutili.

[44] <<ἀναγκασθήσεται>> proviene dalla radice del verbo ἀναγκάζω che vuol dire "costringere, obbligare" e viene usato, nel contesto, per ripetere l'accusa mossa da Adimanto alla dialettica socratica, ossia la costrizione operata sugli interlocutori, nel corso del procedere della discussione di Socrate, fatta di domande e risposte, al fine di far accettare per vero quanto detto dal filosofo, senza grandi indugi. Il verbo ἀναγκάζω esprime tutta l'asprezza della critica al modello discorsivo di Socrate per perseguire la verità che, a detta di Adimanto, non progredisce affatto: gli interlocutori, dopo aver risposto alle domande ed essere intervenuti nel dialogo, si

dicevamo, ma che lasciando da parte i discorsi e osservando gli uomini stessi di cui si parlava, potrebbe ben dire di vedere che alcuni di essi sono inutili, i più invece macchiati di ogni malvagità, abbiamo allora cercato la causa di questa accusa e siamo ora giunti a chiederci perché i più siano cattivi; in funzione di questo abbiamo riesaminato la natura dei veri filosofi e siamo stati obbligati a definirla nuovamente.>> (Plat. R*esp*. 480c- 490d, trad. M. Vegetti)

1c   <<In tale situazione che cuore –secondo il detto- pensi possa avere il giovane? Quale privata educazione potrebbe resistere in lui senza venir travolta da un tal flutto di biasimi e di lodi, e non si lascerà trasportare (οἰχήσεσθαι)[45] dove la porta la corrente? non dirà forse che sono belle e brutte le stesse cose che pensa la folla, e non si darà allo stesso modo di vita, alle stesse loro occupazioni, diventando uno dei loro?>>
<<E' davvero necessario, Socrate>> egli disse.>> (Plat. R*esp*. 492c, trad. M. Vegetti)

1d   <<Quella che aggiungono con i fatti, quando non riescono a convincere con le parole, questi educatori e sofisti: o forse non sai che chi non si lascia convincere (μὴ πειθόμενον)[46]

---

trovano "costretti" ad accettare le conclusioni socratiche, a meno che non vogliano mostrarsi contradditori con quanto asserito da loro stessi.
[45]<<οἰχήσεσθαι>> deriva dal verbo οἴχομαι, che significa "andare, venire, muoversi, spostarsi, andare via, trasportarsi" con chiaro riferimento alla forte pressione persuasiva e anche coercitiva messa in atto dalla città e dalla folla in tutti i luoghi di aggregazione – politici, militari, giudiziari, religiosi e culturali - per conseguire l'omologazione collettiva. Chi intende intrattenere rapporti con la comunità cittadina, a causa della paura nei confronti di questa pressione, si costringe a <<una sorta di autocensura preventiva>> (M. Vegetti) delle proprie vere opinioni, facendosi <<trasportare>> dalla corrente delle cose belle e brutte che pensa la folla e ottenendo il suo consenso.

lo puniscono con la privazione dei diritti, con le confische, con le condanne a morte?>>
<<Certo, lo so bene.>> (Plat. R*esp.* 492d, trad. M. Vegetti)

1e   <<Ti sembra dunque che vi sia qualche differenza fra costui e chi ritiene che il sapere consiste nell'aver compreso gli impulsi e i piaceri di una folla eterogenea riunita a giudicare di pittura o di musica o di politica? Ché infatti, se qualcuno entra in contatto con essa, per sottoporle un poema o un'altra opera d'arte o un programma politico, asservendosi alla moltitudine oltre lo stretto indispensabile, c'è una necessità detta diomedea <u>a costringerlo</u> (ἀνάγκη)[47] a fare tutto ciò che questa approverà: che poi quanto essa approva sia veramente buono e bello, ha mai sentito qualcuno di loro darne una giustificazione men che ridicola?>> (Plat. R*esp.* 493c- 493d, trad. M. Vegetti)

1f   <<Per quanto riguarda poi il mio <u>segno demonico</u> (τὸ δαιμόνιον σημεῖον)[48], non vale la pena di parlarne: a pochi o

---

[46]<<μὴ πειθόμενον>> proviene dal verbo πείθω, che vuol dire "prendere, convincere, permettere". Unito alla negazione μὴ, il verbo è usato per chiarire il metodo adoperato dai sofisti, basato su una forte e pressante opera di convincimento mediante le parole prima e i fatti dopo. Di conseguenza, il "persuadere" di πείθω è inteso come sinonimo di "costringere", in quanto questo metodo persuasivo dei sofisti, già nelle parole e poi ben evidente nei fatti, secondo quanto detto da Socrate, trascura e va oltre i limiti della misura e del rispetto dell'altro, assumendo quindi, in tutto e per tutto, carattere costrittivo.

[47] <<ἀνάγκη>> Il quinto termine di questo libro si riferisce a quella che viene chiamata <<necessità diomedea>> e riguarda la costrizione a cui è sottoposto chiunque entri in contatto con la folla e cerchi di sottoporle un'opera d'arte o un programma politico. La folla, secondo Socrate, non è <<filosofa>>, e pertanto finirà, "necessariamente", col disprezzare e tentare di eliminare chi fa filosofia e con l'amare e stimare chi desidera piacerle e commercia con essa.

nessuno è capitato prima di me.>> (Plat. R*esp*. 496c, trad. M. Vegetti)

1g   <<In vista di tutto questo>> io dissi, <<e pur prevedendo fin d'allora queste temibili difficoltà, tuttavia, costretti (ἠναγκασμένοι)[49] dalla verità stessa, abbiamo affermato che né la città, né la costituzione e neppure un uomo raggiungeranno mai la vera perfezione, prima che quei pochi filosofi, che ora sono definiti non malvagi ma inutili, siano investiti, per una fortuita necessità, della cura della città, che lo vogliano o no, e prima che la città stessa si sottometta loro; oppure prima che per una qualche ispirazione sorga nei figli di quelli che oggi detengono il potere e il regno , o in loro stessi, un vero amore per la vera filosofia.>> (Plat. R*esp*. 499b- 499c, trad. M. Vegetti).

1h   <<Chi ha facilità di apprendere e buona memoria e mente pronta e acuta, insieme con le altre doti che a queste si accompagnano, e inoltre vigore e grandezza d'animo, sai bene che non suole possedere una natura tale da indurlo a vivere

---

[48]<<Τὸ δαιμόνιον σημεῖον>> vuol dire propriamente "segno demonico". Riferendosi all'esiguo numero di coloro che si avvicinano alla filosofia, Socrate mette in causa anche il suo *daimònion*, che non gli era mai capitato di vedere prima in qualcuno. Questo *daimònion* non è trasmissibile, né insegnabile e, comunque sia, non è la fonte da cui Socrate attinge la sapienza umana, in quanto non offre esortazioni o indicazioni positive, ma solo proibizioni – esso avrebbe ingiunto a Socrate di astenersi dalla vita politica -, ordini di trattenersi dal fare quello che si è sul punto di fare.

[49]<<ἠναγκασμένοι>> proviene dal verbo ἀναγκάζω ("costringere, obbligare") e rivela ancora una volta la spinta violenta – la costrizione - della verità, costruita finora durante il dialogo, all'accettazione di determinate conclusioni, di specifiche affermazioni e negazioni dichiarate da Socrate, in questo caso del sicuro miglioramento delle condizioni di vita con l'affidamento del governo della città a pochi filosofi.

ordinatamente con calma e fermezza; piuttosto chi ha queste doti <u>viene trascinato</u> (φέρονται)[50] a caso qua e là dalla sua stessa acutezza, e smarrisce ogni traccia di fermezza.>> (Plat. *Resp.* 503c, trad. M. Vegetti).

Contesto B (relativo a cit. 2a, 2b, 2c,2d)

Essendo giunto alla conclusione che il miglior governo, posto alla guida della città, è quello retto dai filosofi, Socrate avverte l'esigenza di un supplemento di fondazione teorica al riguardo, cosa che spinge a riprendere la questione della formazione dei governanti: ad essi, proprio in quanto responsabili della cura della città, si rende necessaria la conoscenza dell'idea del buono – un "ideale regolativo", un principio di valore - che rende <<utili e vantaggiose>> per la vita le cose e le condotte ispirate alla giustizia, alla sapienza, alla moderazione, al coraggio.

Socrate, inoltre, allo scopo di fare maggiore chiarezza, istituisce un'analogia tra il sole e il buono: come il sole è condizione della visibilità e dell'esistenza degli oggetti, nel campo del "visibile" – dell'esperienza percettiva, vale a dire- così, analogamente, il buono è condizione della conoscibilità e

---

[50] <<φέρονται>> viene dalla radice del verbo φέρω che significa "portare via con sé, essere mosso, essere trascinato", riferito al particolare destino che attende chi non segue la giusta misura. Chi, infatti, non partecipa misuratamente di prontezza di riflessi e acutezza da un lato, e di calma e fermezza dall'altro, viene mosso "forzatamente" e contro la propria volontà, qua e là dalla sua stessa acutezza e perde ogni traccia di fermezza. Il verbo φέρω pone l'accento proprio su questo "sballottamento" dell'uomo non misurato, costretto da ciò che è anche parte di se stesso a muoversi, lasciando la guida al caso.

dell'esistenza delle idee che popolano lo spazio della realtà noetica.

Questa stessa metafora solare viene chiarita da Socrate con l'immagine della "linea", che realizza un rapporto bicondizionale tra livelli di conoscenza e livelli di realtà: la linea si divide in due sezioni - a cui corrispondono la *doxa* e l'*episteme* - le quali si suddividono entrambe in due parti (alla prima corrispondono l'<<immaginazione>> e la <<credenza>>, alla seconda un tipo di <<razionalità discorsiva>> e la <<razionalità intellettiva>>).

Citazioni

2a   <<E che dire di quelli che definiscono buono il piacere? Sono forse meno colmi d'errore che gli altri? <u>Non sono anche obbligati</u> (ἀναγκάζονται)[51] a convenire che vi sono piaceri cattivi?>> (Plat. R*esp.* 505c, trad. M. Vegetti)

2b   <<Glaucone disse allora, scoppiando a ridere: <<Per Apollo, che straordinaria esagerazione!>>.
<<Proprio tu>> dissi io <<ne hai la colpa, tu che <u>mi hai costretto</u> (ἀναγκάζων)[52] a dire le mie opinioni su questo.>> (Plat. R*esp.* 509c, trad. M. Vegetti)

---

[51] <<ἀναγκάζονται>> rivela la costrizione a cui sono sottoposti coloro i quali pensano che "buono" sia il piacere e che poi, attraverso il confronto dialogico, devono ritrattare, ammettendo a forza che ci sono anche piaceri cattivi.
[52] <<ἀναγκάζων>> evidenzia la colpa che Socrate attribuisce a Glaucone e, oltre che a lui, anche ad Adimanto. Poiché quest'ultimo lo aveva incolpato di affermazioni che nessuno poteva controbattere e lo aveva accusato di essersi perso nei sogni, visto che nella realtà i "suoi" cosiddetti filosofi sono tutt'altro che buoni e adatti a comandare, Socrate aveva ribattuto stabilendo una differenza tra "amici della verità" e "amici dell'opinione", tra veri

2c   <<Nella prima sezione, l'anima, servendosi quali immagini delle cose che nell'altro segmento erano oggetto di imitazione, è costretta (ἀναγκάζεται)[53] a condurre la sua ricerca a partire da ipotesi, e procede non verso un principio, ma verso una conclusione; mentre nella seconda sezione, muovendo dall'ipotesi verso un principio non ipotetico, e senza far uso di quei simulacri di cui si valeva nella sezione precedente, essa compie l'intero suo percorso fondandosi metodicamente sulle sole idee e attraverso le idee.>> (Plat. *Resp.* 510b, trad. M. Vegetti)

2d   <<Capisco>> disse, <<sebbene non a sufficienza (mi sembra in effetti che tu parli di un'opera difficile): tu intendi soprattutto determinare che la zona dell'essere e del noetico studiata dalla scienza della dialettica presenta più certezza di quella di pertinenza delle discipline chiamate 'tecniche', che hanno a principio le ipotesi; chi ne studia gli oggetti, benché sia

---

filosofi e sofisti. Andando avanti, esortato dai presenti, Socrate aveva introdotto l'idea del buono e la sua potenza causativa per attribuire uno statuto oggettivo e non particolare alle idee: tutte quelle cose riferibili al "buono" si rendono desiderabili e spingono ad incentivarne il perseguimento, in vista del loro essere <<utili e vantaggiose>>. Ciò causa l'ilarità di Glaucone e la pronta accusa di Socrate a Glaucone e, implicitamente agli altri: è colpa loro, della loro perplessità critica e del loro desiderio di chiarimenti che lui, Socrate, <<è stato costretto>> a vincere la sua esitazione e a parlare. La <<straordinaria esagerazione>> è venuta fuori dalla costrizione operata da Glaucone su Socrate, perché parlasse, e la costrizione è derivata dal desiderio, espresso da Glaucone e gli altri, di voler conoscere la vera opinione di Socrate.
[53]<<ἀναγκάζεται>> mette in luce la costrizione a cui è soggetta l'anima nel campo del "visibile", non potendo basarsi , per disporre la sua ricerca, che su due determinati materiali di partenza della sua ricerca: uno dei due materiali è costituito dalle <<immagini>> delle cose, l'altro dalle <<cose>> cui si riferiscono le immagini.

costretto (ἀναγκάζονται)[54] a studiarli mediante il pensiero discorsivo e non con i sensi, tuttavia, siccome non conduce l'indagine risalendo verso un principio, bensì a partire dall'ipotesi, a te sembra non acquisire una comprensione noetica di quegli stessi oggetti, [sebbene essi, fondati su un principio, siano pur noetici]>> (Plat. R*esp.* 511c-511d, trad. M. Vegetti).

---

[54] <<ἀναγκάζονται>> riguarda la costrizione cui è soggetto chiunque studi gli oggetti del campo del "noetico": costui deve necessariamente basarsi sul pensiero e non sui sensi, che utilizza nel campo del "visibile".
Tutti e quattro i termini (51, 52, 53, 54) derivano dalla radice del verbo ἀναγκάζω, che dunque contiene in sé direttamente, senza tramiti e rimandi a sinonimi, il significato di "costringere, obbligare".

Libro VII

Contesto A (relativo a cit. 1a, 1b, 1c,1d, 1e,1f,1g,1h, 1i, 1l, 1m,1n,1o,1p)

Dopo aver descritto l'immagine della "linea", Socrate presenta alla mente dei suoi interlocutori un'altra immagine, più vivida della prima, al fine di un ulteriore chiarimento della metafora solare: si tratta dell'immagine della caverna.

Con la descrizione di coloro che rimangono per sempre, fin da bambini, prigionieri nella caverna a contemplare le ombre alle pareti e a considerarle come l'unica e vera realtà; e di chi liberato dalle catene e costretto a uscire dalla caverna alla luce del sole, per comprendere e ammirare la vera e unica realtà, Socrate intende mostrare la condizione dell'uomo che, in rapporto all'educazione, è costretto a ricercare la verità e a perseguire il saper migliore, quello dell'idea del buono, che è causa di tutto ciò che è buono e retto, mentre, in rapporto alla mancanza di educazione, vive nel buio della caverna, rifiutando la luce del sole e rimanendo quindi nell'ignoranza.

In base a questo, per Socrate, i governanti e i difensori della città devono necessariamente avere il pieno possesso di detto sapere, ossia dell'idea del buono, e stabilisce per costoro, fin dalla tenera età, lo studio di determinate discipline – la scienza del calcolo, la geometria, l'indagine della terza dimensione e l'astronomia - come preludio al sapere ultimo, quello del buono in sé, il quale può essere usato da governanti e difensori come modello per ordinare la città, i cittadini, se stessi, nell'esercizio unito di filosofia e politica, finché non saranno sostituiti da altri simili a loro; governanti e difensori, terminato il loro compito, potranno andare nelle isole dei Beati senza essere dimenticati dalla città.

Citazioni

1a   <<Simili a noi>> dissi io. <<Pensi innanzitutto che essi abbiano visto, di se stessi e dei loro compagni, qualcos'altro se non le ombre proiettate dal fuoco sulla parete della caverna che sta loro di fronte?>>
<<E come potrebbero>> disse, <<se sono costretti (ἠναγκασμένοι) per tutta la vita a tenere la testa immobile?>> (Plat. R*esp*. 515a- 515b, trad. M. Vegetti)

1b   <<Quando uno fosse sciolto e improvvisamente costretto (ἀναγκάζοιτο) ad alzarsi, a girare il collo, a camminare, ad alzare lo sguardo verso la luce, tutto questo facendo soffrirebbe e a causa del riverbero non potrebbe fissare gli occhi sugli oggetti di cui prima vedeva le ombre; che cosa credi risponderebbe, se qualcuno gli dicesse che prima vedeva semplici illusioni, e che ora, più vicino all'essere e rivolto verso oggetti dotati di maggiore esistenza, vede in modo più corretto, e se inoltre, mostrandogli ognuno degli oggetti che sfilano, gli chiedesse che cosa è, e lo costringesse (ἀναγκάζοι) a rispondere?>> (Plat. R*esp*. 515c- 515d, trad. M. Vegetti)

1c   <<E se ancora lo si obbligasse (ἀναγκάζοι) a rivolgere lo sguardo verso la luce stessa, non proverebbe dolore agli occhi, non si volgerebbe per fuggire verso ciò che può guardare, non

penserebbe che questo è in realtà più chiaro di quanto gli viene mostrato?>>

<<Proprio così>> disse.

<<E se poi>> dissi io <<lo <u>si portasse via con la forza</u> (ἕλκοι... βίᾳ)[55], su per la salita aspra e ripida, e non lo si lasciasse prima di averlo trascinato alla luce del sole, non soffrirebbe forse, non protesterebbe per essere così trascinato?>> (Plat. R*esp.* 515c-516a, trad. M. Vegetti)

1d   <<E' dunque compito nostro di fondatori>> dissi io <<di <u>costringere</u> (ἀναγκάσαι)[56] le nature migliori a indirizzarsi

---

[55] Tutto il linguaggio del settimo libro è fortemente riferito al concetto di costrizione, per quanto riguarda determinati argomenti ivi trattati, quali: l'educazione improntata alla ricerca del sapere migliore, la contemplazione dell'idea del buono, il necessario impegno politico, la pratica di specifiche attività per raggiungere il "buono". Da qui l'utilizzo frequentissimo, con rare eccezioni, del verbo ἀναγκάζω e del sostantivo ἀνάγκη, che racchiudono direttamente il significato della coercizione.

I primi quattro termini si trovano nella parte del mito della caverna, in cui Socrate parla della prigionia degli uomini all'interno della caverna e della costrizione esercitata su quelli tra loro che vengono liberati dalle catene o sono in procinto di esserlo. <<ἠναγκασμένοι>>,<<ἀναγκάζοιτο>>, <<ἀναγκάζοι>> provengono dalla radice del verbo ἀναγκάζω, che vuol dire "costringere, obbligare"; <<ἕλκοι>> viene dalla radice del verbo ἕλκω ("tirare, trascinare, fare violenza"), indicante già la costrizione: esso in unione a <<βίᾳ>> come rafforzativo esprime il supplemento dell'uso della forza che bisogna praticare per condurre l'uomo liberato dalle catene a risalire fino all'apertura della caverna e a uscire alla luce del sole.

[56] Questo e i successivi due termini si trovano nel passo seguente a quello del mito della caverna, ove Socrate, dopo il racconto degli uomini imprigionati nella spelonca, conclude asserendo che coloro i quali sono privi di educazione e ignoranti della verità non possono adeguatamente governare la città. Da qui il compito doveroso di adoperare costrizione per indirizzare le nature migliori verso la conoscenza somma, ossia quella del "buono", e la necessità della persuasione e della forza per armonizzare i cittadini – vale a dire, per far sì che <<essi si scambino reciprocamente i

verso la conoscenza che prima abbiamo definito la più alta, a vedere cioè il buono e ad ascendere per quell'ascesa; e una volta che siano saliti e l'abbiano adeguatamente veduto, di non concedere loro ciò che oggi viene concesso.>> (Plat. R*esp.* 519c- 519d, trad. M. Vegetti)

1e   <<Di nuovo dimentichi>> dissi <<amico, che alla legge non importa che un solo gruppo goda nella città di uno straordinario benessere, ma che essa si sforza di diffondere questo benessere nella città intera, armonizzando i cittadini sia con la persuasione sia con la forza (ἀνάγκῃ), facendo sì che essi si scambino reciprocamente i servizi con cui ognuno sia in grado di rendersi utile alla comunità, e formando essa stessa uomini simili, non perché a ciascuno sia concesso di volgersi alle occupazioni che preferisce, ma per valersene ai fini della coesione della città.>> (Plat. R*esp.* 519d- 520a, trad. M. Vegetti)

1f   <<Del   resto   vedi,   Glaucone>>   dissi: <<non commetteremo ingiustizia verso i filosofi che da noi si sono formati, bensì daremo loro giuste spiegazioni quando li costringeremo (προσαναγκάζοντες) ad assumersi la cura e la difesa degli altri.>> (Plat. R*esp.* 520a – 520b, trad. M. Vegetti)

---

servizi con cui ognuno sia in grado di rendersi utile alla comunità>>.
I termini, che esprimono la costrizione nel passo ora spiegato, sono i seguenti: <<ἀναγκάσαι>> che viene dalla radice del verbo ἀναγκάζω ("costringere, obbligare"); <<ἀνάγκη>> da ἀνάγκη ("necessità, costrizione, mezzo coercitivo"); <<προσαναγκάζοντες>> proviene dalla radice del verbo προσαναγκάζω, che vuol dire "costringere, accostare a forza, dimostrare" ed è costituito dall'unione del verbo ἀναγκάζω ("costringere, obbligare") e del prefisso πρός ("verso, per, contro, da parte di, a").

1g   <<In tutti questi casi l'anima dei più <u>non è costretta</u> (οὐκ ἀναγκάζεται)[57] a chiedere al pensiero che cosa sia un dito: perché mai la vista le ha fornito un segno che fosse contemporaneamente un dito e il contrario di un dito.>> (Plat. R*esp*. 523d, trad. M. Vegetti).

1h   <<Ognuno di essi agisce piuttosto in questo modo: prima di tutto, il senso preposto alla percezione del duro, <u>è costretto</u> (ἠνάγκασται) a percepire anche il molle, e informa l'anima che la stessa cosa gli ha trasmesso una sensazione sia di durezza sia di mollezza.>> (Plat. R*esp*. 524a, trad. M. Vegetti).

1i   <<Ma ragiona in analogia con quel che s'è detto>> dissi. <<Se l'uno è colto adeguatamente in se stesso dalla vista o da qualche altro senso, non è atto ad attrarci verso l'essenza, proprio come abbiamo detto a proposito del dito; se invece insieme con esso si percepisce simultaneamente qualche contraddizione, sicché non appare affatto come uno più che come il suo contrario, allora si rende necessario un criterio di

---

[57]<<οὐκ ἀναγκάζεται>> e i termini evidenziati nelle citazioni successive,<<ἠνάγκασται>>,<<ἀναγκάζοιτ' ἄν>>, <<ἀναγκάζει>>, derivano dalla radice del verbo ἀναγκάζω ("costringere,obbligare") e fanno riferimento all'insegnamento di quelle discipline (scienza del calcolo, geometria, indagine della terza dimensione, astronomia) a cui sono costretti i governanti e i difensori – così come i loro sensi e la loro anima - nell'indagine, nel percorso educativo, in modo da agevolare la visione del "buono". Solo in vista di tale scopo - cioè la conoscenza dell'idea del buono - queste discipline, per Socrate, convengono. E infatti la scienza del calcolo <<costringe l'anima a valersi del puro pensiero in direzione della verità stessa>>; la geometria è <<conoscenza di ciò che sempre è>> e <<costringe a contemplare l'essenza>>; infine l'astronomia, intesa come movimento della terza dimensione, <<costringe l'anima a guardare verso l'alto e la guida dalle cose di qui a quelle lassù>>.

giudizio, e l'anima è costretta (ἀναγκάζοιτ' ἄν) a farsene un problema, a indagare, mettendo in opera le proprie capacità di riflessione, e a chiedersi che cosa sia l'uno in sé.>> (Plat. R*esp.* 524d-525a, trad. M. Vegetti).

11   <<Noi affermiamo che tende in questa direzione tutto ciò che costringe (ἀναγκάζει) l'anima a rivolgersi verso quel luogo nel quale si trova la parte più felice dell'essere che essa deve in ogni modo vedere>>
<<Esatto>> disse.
<<Se dunque questo sapere costringe (ἀναγκάζει) a contemplare l'essenza, esso conviene, se invece il divenire non conviene.>> (Plat. R*esp.* 526e, trad. M. Vegetti).

1m   <<E' probabile>> egli disse. <<E poiché prima mi ha rimproverato, o Socrate, di lodare un po' volgarmente l'astronomia, ora ne farò un elogio nel senso che tu preferisci: è chiaro a tutti, mi sembra, che essa costringe (ἀναγκάζει) l'anima a guardare verso l'alto e la guida dalle cose di qui a quelle di lassù.>> (Plat. R*esp.* 528e-529a, trad. M. Vegetti)

1n   <<Ma se un giorno tu ti trovassi nei fatti ad allevare quei tuoi ragazzi, che ora allevi ed educhi nel nostro discorso, non permetteresti (οὐκ ἄν ἐάσαις)[58] certo, io credo, che essi, pur restando irrazionali come delle linee, governino la città e siano

---

[58] <<ἄν ἐάσαις>> proviene dalla radice del verbo ἐάω, che vuol dire "lasciare, permettere, consentire", il quale in unione con la negazione <<οὐκ>>, assume nel contesto il significato di coercizione: Socrate e Glaucone concordano con decisione sul fatto che bisogna impedire di far governare la città a coloro che afferrano anche solo qualche immagine del buono, ma lo fanno <<per opinione, non per scienza>>. Costoro, per Socrate, sono <<irrazionali come delle linee>>.

signori degli affari supremi.>> (Plat. *Resp.* 534d, trad. M. Vegetti).

1o   <<Quando sono ancora ragazzi bisogna proporre loro lo studio del calcolo, e tutta quell'educazione preliminare che deve introdurre alla dialettica, configurando però l'insegnamento in modo che non diventi una <u>costrizione</u> (ἐπάναγκες)[59] ad apprendere.>>

---

[59] Questo e i rimanenti termini evidenziati nelle successive ed ultime citazioni dal libro VII della *Repubblica* si riferiscono a un passo largamente intriso di linguaggio significante costrizione, per quanto riguarda sempre l'educazione da impartire ai governanti e ai difensori.
<<ἐπάναγκες>>, che, usato in forma avverbiale, vuol dire "per costrizione, per obbligo, per forza", mentre usato come ἐπάναγκες (ἐστι), significa "è necessario";
<<βίᾳ>>, il cui significato è "forza, vigore, violenza";
<<βίαιον>> è aggettivo neutro da βίαιος-α-ον, il quale vuol dire "coatto, violento", in riferimento alla inutilità e al breve permanere di una conoscenza appresa con la forza;
<<καταβιβαστέοι>> proviene dalla radice del verbo καταβιβάζω, che significa "far scendere, portare giù, costringere a scendere" ed è costituito dall'unione del verbo βιβάζω ("far andare, condurre") e del prefisso **κατά** ("giù, in discesa, verso giù, dall'alto in basso"), per quanto concerne la costrizione operata sugli educandi al fine di farli ridiscendere nella caverna e farli ritornare alla contemplazione del "buono", in modo da tenerlo sempre presente e da sfuggire alle seduzioni del potere;
<<ἀναγκαστέοι>> deriva dalla radice del verbo ἀναγκάζω ("costringere, obbligare") e si riferisce alla necessità dell'impegno politico-militare dei filosofi-re.
    Tutti i suddetti termini, come già premesso, rimandano alla coercizione da adoperarsi su governanti e difensori nel corso della loro *paideia*. Riprendendo il discorso sulle discipline che si prestano alla conoscenza del "buono", Socrate avverte sul fatto che la costrizione dell'insegnamento di queste materie non deve essere percepita da coloro che vengono educati, altrimenti ci saranno difficoltà di apprendimento, ma deve essere "mascherata" in modo che gli studi sembrino <<quasi un gioco>>. Più avanti Socrate giustifica l'uso della forza e della coercizione al fine di

<<E perché?>>

<<Perché>> dissi io <<un uomo libero non deve apprendere nessuna conoscenza con spirito servile. Le fatiche del corpo che si sopportano per <u>costrizione</u> (βίᾳ), infatti, non danneggiano affatto il corpo stesso, ma non può permanere nell'anima alcuna conoscenza appresa <u>per forza</u> (βίαιον).>>

<<Vero>> disse.

<<Non allevare dunque i ragazzi negli studi usando la <u>costrizione</u> (βίᾳ) >> dissi, <<ottimo amico, ma rendili quasi un gioco, così da poter anche meglio scoprire le inclinazioni naturali di ognuno.>> (Plat. *Resp.* 536d - 537a, trad. M. Vegetti)

1p   <<Dopo di che <u>dovrai farli ridiscendere</u> (καταβιβαστέοι) in quella caverna e <u>costringerli</u> (ἀναγκαστέοι) ad assumere il comando militare e quante altre cariche sono proprie dei giovani, perché non siano inferiori agli altri neppure per esperienza: e di nuovo in queste funzioni dovrai metterli alla prova, vedendo se resistono ad attrazioni dispersive o se mostrano qualche cedimento.>> <<E quanto tempo>> egli disse <<stabilisci per questo?>> <<Quindici anni>> dissi io. <<Giunti all'età di cinquant'anni, coloro che avranno superato tutte le prove mostrandosi in ogni caso migliori – sia nelle opere sia nelle scienze – saranno ormai avviati al fine ultimo, e <u>costretti</u> (ἀναγκαστέον) a elevare la luce dell'anima per guardare verso ciò che a ogni cosa dà luce; quando abbiano visto il buono in sé, e siano in grado di valersene da modello, li si obbligherà a turno, per il resto della loro vita, a ordinare la città, i privati cittadini, se stessi, trascorrendo la più gran parte

---

porre i reggenti e le guardie della città di fronte alla necessità dell'esercizio politico-militare e delle continue prove di resistenza, per far sì che essi non si lascino sedurre dal potere e perdano di vista l'idea del buono.

del tempo nella filosofia, pronti però quando sia giunto il turno di ognuno, ad affrontare i travagli della politica e l'esercizio del potere nell'interesse della città, non perché considerino il potere come cosa bella ma come un <u>compito necessario</u> (ἀναγκαῖον); infine, dopo aver educati sempre nuovi uomini simili a sé, destinati a sostituirli nella difesa della città, se ne andranno ad abitare nelle isole dei Beati>>(Plat. R*esp.* 539e – 540b, trad. M. Vegetti)

Libro VIII

Contesto A (relativo a cit. 1a, 1b, 1c,1d, 1e,1f,1g,1h, 1i)

Dopo essere giunto alla conclusione che la città più bella e meglio amministrata è quella retta da governanti dediti, nel miglior modo, alla filosofia e alla guerra, e dove tutto è in comune – proprio tutto quello di cui si è discusso finora: le donne, i figli, l'intero processo educativo, i compiti da svolgere nei tempi di guerra e nei tempi di pace -, Socrate passa a trattare di quattro costituzioni, al fine di illustrarne i difetti e il tipo di uomo corrispondente a ciascuna di esse.

Dapprima parla della "timocrazia" e dell'uomo connesso ad essa, poi dell' "oligarchia" e dell'uomo oligarchico, poi ancora della "democrazia" e dell'uomo democratico, infine della "tirannide" e dell'uomo tirannico. Inoltre descrive la forma circolare che si viene a delineare per via del passaggio da una costituzione all'altra.

Citazioni
1a   <<Ma neanche questo è bello: che sono incapaci di combattere una guerra, perché <u>sarebbero</u> <u>costretti</u> (ἀναγκάζεσθαι)[60] o a servirsi della massa, armandola e perciò

---

[60]Tutti i termini evidenziati nei passi tratti dal libro VIII della *Repubblica* rimandano alle differenti modalità di costrizione presenti nelle diverse

temendola più dei nemici, oppure a non servirsene risultando così, nel combattimento, letteralmente oligarchici; e al tempo stesso perché non vogliono versare denaro, per la loro avidità di ricchezze>> (Plat. R*esp.* 551d – 551e, trad. M. Vegetti)

1b   <<Non è dunque chiaro da questo che un simile uomo negli altri rapporti d'affari, in cui gode di buona reputazione perché sembra essere giusto, con una sorta di apprezzabile <u>autocostrizione</u> (ἑαυτοῦ βίᾳ)[61] tiene a freno gli altri cattivi desideri che pure lo abitano, non perché li convinca che non vanno nella direzione migliore, né li ammansisca con un discorso razionale, ma con il peso della necessità e della paura, tremante com'è per l'insieme delle sue sostanze?>> (Plat. R*esp.* 554c – 554d, trad. M. Vegetti).

---

tipologie di governi esplicitate da Socrate e a cui sono soggetti gli uomini legati a ciascuno di questi regimi.

<<ἀναγκάζεσθαι>> viene dalla radice del verbo ἀναγκάζω, che vuol dire "costringere, obbligare", e fa riferimento, nel contesto, alla costrizione che attanaglia gli oligarchici, per quanto riguarda la necessità o meno di servirsi della massa in operazioni belliche. Entrambe le opzioni, tra cui l'oligarchico è costretto a scegliere, comportano enormi svantaggi a suo carico: se sceglie di armare la massa, dovrà poi temerla più dei nemici stessi che essa va a combattere; se sceglie di non armarla, dovrà fare i conti con la inferiorità numerica rispetto alla quantità possibile.

[61]<<ἑαυτοῦ βίᾳ>> è costituito da <<ἑαυτοῦ>> che è pronome riflessivo col significato di "se stesso", e da <<βίᾳ>>, che proviene da βία-ᾱς e significa "forza, vigore, violenza". Pertanto, il senso di questo termine è quello della costrizione esercitata dall'oligarchico sui suoi desideri più malvagi, che potrebbero fargli perdere la buona reputazione di cui gode apparentemente invece che giustamente nei rapporti d'affari e che si lasciano sottoporre a questa costrizione per necessità e paura, non mediante una giustificazione razionale o per l'essere stati persuasi di andare nella direzione giusta. In breve, si tratta di una costrizione che l'oligarchico esercita su se stesso, di un'autocostrizione.

1c <<Così, penso. Siccome in questo regime coloro che governano devono il potere ai loro ingenti patrimoni, non vogliono proibire per legge (εἴργειν νόμῳ)[62] a quei giovani che siano diventati dissoluti di sperperare e mandare in rovina le loro proprietà, nell'intento di diventare ancora più ricchi e onorati impadronendosi dei loro beni grazie ai prestiti su ipoteca>> (Plat. R*esp*. 555c, trad. M. Vegetti).

1d <<Perché, grazie a questa licenza, essa possiede tutti i generi di costituzione, e c'è il caso che chi voglia costituire una città – proprio quello che noi ora stavamo facendo- sia costretto (ἀναγκαῖον εἶναι)[63] a visitare una città a regime democratico per scegliere quella forma di governo che più lo soddisfa, come se andasse a un mercato di costituzioni, e, fatta la sua scelta, procedere così alla fondazione.>>
<<Sì>> disse, <<non sarebbe certo a corto di modelli.>>

---

[62]<<εἴργειν νόμῳ>>: l'espressione è composta da <<εἴργειν>>, che deriva dalla radice del verbo εἴργω ("escludere, impedire, proibire"), e da <<νόμῳ>> che proviene da νόμος-ου ("legge, usanza, costume"). Essendo al vertice del potere della città, gli oligarchici utilizzano la forza coercitiva della legge per imporre i loro criteri di giustizia e ingiustizia. In questo modo, tra le altre cose, fanno sì che i cittadini diventino dissoluti e sperperino le loro ricchezze fino ad andare in rovina, e loro sempre più ricchi con il prelievo delle proprietà altrui grazie ai prestiti su ipoteca.

[63] <<ἀναγκαῖον εἶναι>>, composto da ἀναγκαῖος-α-ον ("coattivo, urgente, costretto, obbligato") e infinito, esprime la necessità, a cui è costretto chi vuole costituire una città, nel visitare una *polis* a regime democratico, in modo da scegliere quale forma di governo più gli piaccia, visto che una *polis* del genere possiede piena licenza e quindi ogni tipo di costituzione. Socrate paragona la democrazia a un mantello variopinto, ricamato con ogni sorta di fiori, di conseguenza il probabile fondatore di una città descritto in questo passo si presenta come un individuo che, messo di fronte a questo mantello variopinto, deve "per forza" operare una scelta su quale sia il tipo di carattere floreale che più lo soddisfi, in quanto segue i suoi desideri particolari e le sue inclinazioni naturali.

<<Non avere alcun <u>obbligo</u> (ἀνάγκην)[64] di governare questa città>> dissi <<neppure se sei capace di governare, né d'altra parte di esservi governato se non lo vuoi, o di combattere se gli altri combattono, né di restare in pace quando gli altri vi restano, se non desideri la pace; o ancora, se una qualche legge ti impedisce di amministrare il potere o la giustizia, nondimeno tu puoi comandare e giudicare se questo ti aggrada – un simile modo di vivere non è divinamente piacevole nell'immediato?>> (Plat. R*esp.* 557d – 558a, trad. M. Vegetti)

1e   <<E se mai gli capita di provare invidia per certi uomini di guerra, <u>si lascia trascinare</u> (φέρεται)[65] in quella direzione, oppure per gli uomini d'affari, si rivolge a quest'altra, e non c'è nella sua vita alcun ordine né obbligo; tuttavia chiamando questa forma di vita piacevole, libera e beata, egli vi si dedica per la sua intera esistenza>> (Plat. R*esp.* 561d, trad. M. Vegetti).

1f   <<E non lo si ottiene ogni volta>> dissi io <<per quanto possono concederne i capi <u>confiscando</u> (ἀφαιρούμενοι) [66]le

---

[64]<<ἀνάγκην>>, proveniente da <<ἀνάγκη>> ("necessità, obbligo"), è usato, nel contesto, ad indicare, in unione con la negazione <<μηδεμίαν>>, la totale assenza di costrizione in una città a regime democratico, cosa che però genera, paradossalmente, costrizione ad opera di qualunque cittadino, in qualunque momento, su chiunque o qualunque cosa, qualora si debba decidere quello che piace e/o che non piace a ogni singolo cittadino.

[65] <<φέρεται>> deriva dalla radice del verbo φέρω, che significa "portare, trasportare, spingere". Nel contesto è usato al passivo nel senso di "essere mosso, essere spinto, essere trascinato" e con riferimento alla forza esercitata sull'uomo democratico dai suoi desideri, che cambiano ogni giorno e incitano alla loro soddisfazione.

[66] <<ἀφαιρούμενοι>> proviene dalla radice del verbo ἀφαιρέω, che vuol dire "togliere via, portare via, privare" ed è composto dall'unione del verbo αἱρέω ("prendere, afferrare, catturare") e del prefisso ἀπό ("via, lontano da,

sostanze dei ricchi e distribuendole al popolo, non senza tenerne per sé la maggior parte?>>

<<In questo modo infatti>> disse lui <<ne ottiene una parte.>>

<<E quelli sottoposti alle confische sono costretti, ('Αναγκάζονται)[67] a difendersi, parlando nell'assemblea popolare e agendo come possono.>> (Plat. *Resp.* 565a – 565b, trad. M. Vegetti)

1g   <<Non è dunque così che anche un capo del popolo, il quale, presa in mano una folla del tutto docile al suo comando, non si astiene dal sangue di quelli della sua stessa tribù, anzi, trascinatone (ἄγων)[68] qualcuno nei tribunali con le ingiuste accuse che costoro prediligono, lo manda a morte, sopprimendo una vita umana, e assaggiato con lingua e bocca empia il sangue congenere, esilia e uccide e fa trapelare possibili remissioni dei debiti e spartizioni della terra – dopo tutto questo non è destino necessario (ἀνάγκη)[69] per lui o venir

---

da parte"). E' utilizzato per indicare le confische coatte, a cui sono soggette le sostanze dei ricchi, ad opera dei capi del popolo, ossia di coloro che stanno al vertice del governo democratico.

[67] <<'Αναγκάζονται>> viene dalla radice del verbo ἀναγκάζω ("costringere, obbligare") e fa riferimento alla costrizione adoperata sui ricchi dai democratici: la confisca dei beni dei primi ha come causa il necessario intervento degli stessi all'assemblea popolare, al fine di difendersi dalle accuse di complotto contro il popolo, e la loro risposta violenta alle ingiustizie e alle coercizioni operate dal popolo, probabilmente manovrato o ingannato da mestatori .

[68] <<ἄγων>> proviene dalla radice del verbo ἄγω ("condurre, guidare, portare") ed è utilizzato nel contesto con il senso anch'esso racchiuso nelle azioni del "trascinare, portare via a forza, costringere", in quanto indica colui che è condotto a forza in tribunale con <<ingiuste accuse>> da un capo del popolo e poi condannato a morte.

[69] <<ἀνάγκη>> è genericamente usato con il significato di "necessità, costrizione". Nel contesto pure rinvia alla necessità, alla costrizione, ma in

ucciso dai nemici o diventare tiranno, e trasformarsi da uomo in lupo?>> (Plat. R*esp*. 565e – 566a, trad. M. Vegetti)

1h   <<E' proprio una beata necessità>> dissi io <<quelle in cui si trova incatenato: gli impone (προστάττει)[70] o di vivere con gente per la gran parte mediocre, venendone odiato, o di non vivere affatto.>> (Plat. R*esp*. 567d, trad. M. Vegetti)

1i   <<Che cosa ne diresti>> chiesi <<se il popolo in fermento sostenesse che non è giusto che un figlio nel fiore degli anni sia mantenuto dal padre, mentre al contrario il padre dovrebbe esserlo dal figlio, e ancora che non per questo l'ha generato e insediato al potere – perché una volta che lui sia diventato grande, il popolo stesso, asservito (δουλεύων)[71] ai

---

un altro senso: il capo del popolo che ha mandato a morte gente innocente e ha cancellato i debiti e ridistribuito le terre per ingraziarsi il popolo, giunto a questo punto, non può che "necessariamente" scegliere tra il venire ucciso dai nemici che si è creato oppure diventare tiranno. Le opere compiute come capo del popolo sono alla base del <<destino necessario >> per lui: la morte o la trasformazione in tiranno.

[70] <<προστάττει>>, proviene dalla radice del verbo προστάττω, che vuol dire "comandare, ordinare, imperare" ed è costituito dall'unione del verbo τάττω ("disporre, porre, mettere") e del prefisso πρός ("presso, verso, contro"). Nel contesto il verbo rivela la costrizione a cui anche il tiranno è sottoposto. Poiché, infatti, deve mandare a morte un sempre crescente numero di persone per mantenere il potere, il tiranno, secondo Socrate, volente o nolente, finisce per farsi odiare da tutti, per cui dovrà scegliere per forza tra il vivere con gente mediocre ed essere odiato, e il non vivere affatto.

[71] <<δουλεύων>> deriva dalla radice del verbo <<δουλεύω>>, che significa "essere schiavo, servire, essere sottoposto" e si riferisce alla paradossale condizione servile a cui è soggetto il popolo sotto la tirannide. Difatti, invece di porsi al servizio dei cittadini, il tiranno li tratta come suoi schiavi; parimenti, invece di obbedire ai cittadini, gli schiavi, liberati dai loro padroni ad opera del tiranno, servono quest'ultimo e comandano ai cittadini.

suoi propri schiavi, dovesse nutrire lui e gli schiavi insieme con il resto della sua accozzaglia -, bensì per venire liberato sotto la sua guida dai ricchi e da quelli che nella città vengono chiamati 'eccellenti', e perciò ora gli ordina di andarsene dalla città, lui e i suoi compagni, come un padre che caccia di casa un figlio con i suoi turbolenti convitati?>> (Plat. *Resp*. 568e – 569a, trad. M. Vegetti)

Libro IX

Contesto A (relativo a cit. 1a, 1b, 1c,1d, 1e,1f,1g,1h, 1i, 1l, 1m,)

Conclusa la discussione sulle quattro costituzioni degenerative e i tipi di uomini legati a ognuna di esse, con l'eccezione di quello connesso alla tirannide, Socrate passa ad esaminare l'uomo tirannico e i desideri e i piaceri che albergano nella sua anima, i quali cambiano in continuazione, richiedendo sempre nuovi mezzi per essere soddisfatti, anche illegali e ingiusti.

Questo porta il filosofo a tenere presente quali tipi di desideri e piaceri dimorino in ciascuna delle tre parti dell'anima: la parte desiderante è <<avida di ricchezza e guadagno>>; la parte collerica è <<amante di vittoria e di onore>>; la parte razionale è <<amante della conoscenza e del sapere>>.

Nell'anima di ognuno una delle tre parti governa sulle altre, cosa che fa sì che gli uomini siano dediti a tre forme di vita: la forma di vita filosofica, cui spetta il primo posto; la forma di vita dell'ambizioso che occupa il secondo posto; infine la forma di vita dell'affarista, che si ritrova al terzo ed ultimo posto.

In base a quanto è stato detto Socrate conclude che commettere ingiustizia significa far prevalere la parte collerica e quella desiderante e poliforme sulla parte razionale, tenendosi in una condizione interiore instabile e incontinente, mentre compiere giustizia significa rendere dominante la parte razionale, alleata la parte collerica, innocua e sotto controllo la parte desiderante e amorfa, ponendole in concordia tra loro e raggiungendo l'armonia e la stabilità interiori.

Citazioni

1a   <<Essi [i desideri] probabilmente nascono in ognuno, ma se vengono repressi (κολαζόμεναι)[72] dalle leggi e dai desideri migliori insieme con la ragione, nel caso di alcuni uomini si allontanano del tutto oppure restano pochi e deboli, in altri più forti e numerosi.>> (Plat. *Resp.* 571b – 571c, trad. M. Vegetti.

1b   <<Quelli>> dissi io <<che si risvegliano nel sonno, quando il resto dell'anima – ciò che vi è in essa di razionale, socievole, adatto al comando – riposa, mentre la parte ferina e selvaggia, piena di cibo e di vino, si sfrena nella sua danza, e, scacciando (ἀπωσάμενον)[73] il sonno, cerca di aprirsi la via per

---

[72] <<κολαζόμεναι>> deriva dalla radice del verbo κολάζω, che vuol dire "punire, castigare, contenere". Nel contesto è usato al passivo nel senso di "essere contenuto, essere troncato", in riferimento alla repressione dei desideri <<non necessari>> operata dalle leggi, dai desideri "più alti", ovvero quelli della parte irascibile dell'anima – qualora fossero accompagnati dalla ragione - o quelli della parte razionale.

[73]<<ἀπωσάμενον>> proviene dalla radice del verbo ἀπωθέω, che significa "spingere dietro, respingere, scacciare", e fa riferimento alla presenza costrittiva, nel sonno, della parte <<ferina e selvaggia>> dell'anima, per dare sfogo ai suoi desideri <<non necessari>> e <<contrari alle leggi>>, mediante rappresentazioni fantastiche. In breve se nella veglia la parte razionale mantiene il suo controllo su quella desiderante e selvaggia, nel

dare sfogo ai suoi abituali costumi. Sai bene che in un simile stato essa osa fare di tutto, come sciolta e sbarazzata da ogni freno di vergogna e di ragionevolezza.>> (Plat. R*esp*. 571c, trad. M. Vegetti).

1c   <<Ma poiché possiede una natura migliore di quella di chi lo corrompe, <u>trascinato</u> (ἀγόμενος) da entrambe le parti finisce per arrestarsi a metà fra i due modi, e conduce una vita né illiberale né contraria alla legge, e si è trasformato da oligarchico in 'popolare'.>> (Plat. R*esp*. 572c – 572d, trad. M. Vegetti).

1d   <<E quando tutto venga a mancare, non è inevitabile che i desideri urlino, covati come sono fitti e veementi, e che quelli, <u>pungolati</u> (ἐλαυνομένους)[74] dai pungiglioni degli altri desideri e soprattutto da Amore stesso, che guida tutti gli altri come la propria scorta, cerchino con furore chi possieda qualcosa che gli si possa confiscare con l'inganno o la violenza?>> (Plat. R*esp*. 573e – 574a, trad. M. Vegetti.

---

sonno quest'ultima si risveglia imponendo la sua presenza e la soddisfazione dei suoi desideri.

[74] <<ἀγόμενος>> e <<ἐλαυνομένους>> (rispettivamente nelle citazioni 1c e 1d) si riferiscono entrambi, nel contesto, alla costrizione cui è soggetto l'uomo tirannico da parte dei suoi continui e numerosi desideri. Il primo viene dalla radice del verbo ἄγω con il significato di "condurre, guidare, forzare, trascinare" in riferimento alla forte e irresistibile spinta sull'uomo tirannico, sia dei desideri affaristici paterni sia dei desideri che nascono in lui col frequentare uomini raffinati e dediti all'eccesso. Il secondo proviene dalla radice del verbo ἐλαύνω, che significa "sospingere, spingere avanti, condurre" e riguarda la coercizione "dolorosa"- ben descritta dall'immagine del pungiglione - dei desideri sull'uomo tirannico, i quali richiedono mezzi di soddisfazione che oltrepassano il limite della legalità.

1e   <<In primo luogo>> dissi io <<per parlare della città, dirai che quella sottoposta a tirannide (τυραννουμένην) sia libera o schiava?>> (Plat. *Resp.* 577c, trad. M. Vegetti).

1f   << E un'anima soggetta a tirannide vedrà ridotta al minimo la possibilità di agire secondo la propria volontà, s'intende dal punto di vista dell'anima nel suo insieme: anzi, sempre trascinata (ἑλκομένη βίᾳ)[75] dalla violenza di quel furore, sarà piena di turbamento e di instabilità>> (Plat. *Resp.* 577d-577e, trad. M. Vegetti).

1g   <<E che accadrebbe poi>> dissi io <<se il dio insediasse tutto intorno a lui molti altri vicini, che non sopportino che qualcuno pretenda di esser padrone di altri, anzi, se sorprendono chi si comporta così, gli infliggano (τιμωροῖντο) punizioni estreme?>> (Plat. *Resp.* 579a, trad. M. Vegetti).

1h   <<Non fa allora una raccolta ancora più abbondante di simili mali l'uomo che è interiormente mal governato – quello che poco fa tu giudicavi il più sventurato, il tipo tirannico – quando non conduca una vita da privato ma sia costretto (ἀναγκασθῇ) da qualche fortuita circostanza ad esercitare la

---

[75] << τυραννουμένην >> e <<ἑλκομένη βίᾳ>> (il primo nella citazione 1e) esprimono entrambi le condizioni di esistenza coatta della città e dell'anima degli uomini sotto la tirannide. Il primo proviene dalla radice del verbo τυραννέω ed è utilizzato, nel contesto, al passivo, nel senso di "essere governato tirannicamente, essere sopraffatto", in riferimento alla coercizione a cui è sottoposta una città a governo tirannico. Il secondo viene dalla radice del verbo ἕλκω, che vuol dire "trascinare, tirare", e, in unione con <<βίᾳ>> si riferisce alla violenza che subisce un'anima soggetta a tirannide, la quale, privata al massimo della forza di libertà e colma di turbamenti e instabilità, sarà sempre costretta a farsi muovere dal furore del desiderio.

tirannide, cioè a tentare di governare gli altri, lui che è incapace di autocontrollo? Come se uno, con un corpo malato e incontinente, fosse costretto (ἀναγκάζοιτο)[76] a condurre una vita non ritirata ma in continua competizione e lotta con i corpi altrui.>> (Plat. R*esp.* 579c – 579d, trad. M. Vegetti).

1i   <<Quando invece domina una delle altre parti, ne consegue che essa non trova il piacere suo proprio, e che costringe (ἀναγκάζειν)[77] le altre a perseguire un piacere estraneo e non vero.>> (Plat. R*esp.* 587a, trad. M. Vegetti).

---

[76] <<τιμωροῖντο>>, <<ἀναγκασθῆ>>, <<ἀναγκάζοιτο>> (presenti nelle citazioni 1g e 1h) fanno leva sulla costrizione a cui è sottoposto il tiranno. Il primo termine deriva dalla radice del verbo τιμωρέω, che vuol dire "vendicare, punire" ed è legato al sostantivo τιμωρός, che significa "vendicatore, difensore"ed è composto dall'unione di ὁράω ("vedere,provare, capire, cercare, tendere") e di τιμή ("onore, stima, soddisfacimento, risarcimento"). Nel contesto è usato per rendere manifesta la costrizione alle pene corporali nei confronti del tiranno da parte di coloro che non tollerano il suo atteggiarsi a loro padrone, ritenendo questo comportamento come un'offesa che deve essere punita con estrema severità. <<ἀναγκασθῆ>> e <<ἀναγκάζοιτο>> provengono dalla radice del verbo ἀναγκάζω ("costringere, obbligare"), con chiaro riferimento allo stato costrittivo in cui viene a ritrovarsi il tiranno, dovendosi addossare il peso di governare gli altri e di condurre, contro la propria volontà, una vita in continua lotta contro i desideri altrui, quando lui stesso mostra incapacità di autocontrollo e possiede un'anima instabile e turbata.
[77] Anche <<ἀναγκάζειν>> deriva dalla radice del verbo ἀναγκάζω, che significa "costringere, obbligare", e viene impiegato per quanto concerne la costrizione adoperata da una parte dell'anima sulle altre per perseguire, a seconda di quale domina, piaceri veri e <<necessari>> e piaceri <<non necessari>>.

11   <<Cerchiamo allora di convincerlo gentilmente – non erra infatti volontariamente – chiedendogli: "felice amico, non diremo che le norme condivise intorno a ciò che è moralmente accettabile oppure riprovevole siano sorte su una base di questo genere: buone sono quelle cose che sottomettono (ὑπό... ποιοῦντα) all'uomo, o forse soprattutto alla sua parte divina, le parti ferine della sua natura, riprovevoli invece quelle che rendono la parte socievole asservita (δουλούμενα)[78]a quella selvatica?".>> (Plat. R*esp*. 589c – 589d, trad. M. Vegetti).

1m   <<Dunque, perché un uomo del genere sia sottoposto (ἄρχηται) a un potere simile a quello che governa il migliore, diciamo che egli debba essere schiavo di quello, il migliore, nel quale governa il principio divino: non perché pensiamo che questo assoggettamento (ἄρχεσθαι)[79] debba mirare a un danno per lo schiavo (come riteneva Trasimaco a proposito dei sudditi), bensì perché siamo convinti che per chiunque sia meglio esser governato da ciò che è divino e dotato di intelligenza, meglio, soprattutto, se si possiede questo principio

---

[78] <<ὑπό... ποιοῦντα>> e <<δουλούμενα>>, provenendo dalla radice di verbi diversi – e, per la precisione, l'uno da quella del verbo ποιέω ("fare, porre, collocare, compiere") a cui si aggiunge, nel contesto, <<ὑπό>> ("sotto, per"), l'altro da quella del verbo δουλόω ("rendere schiavo, asservire") - assumono entrambi il significato di "essere sottomessi", per quanto riguarda la diversa costrizione che generano, da una parte le cose buone che asserviscono le parti ferine della natura umana a quella razionale, dall'altra le cose riprovevoli, che rendono la parte razionale schiava delle parti ferine.

[79] <<ἄρχηται>> e <<ἄρχεσθαι>> derivano dalla radice del verbo ἄρχω che, al passivo nel contesto, è usato nel senso di "essere sottomesso, essere dominato", in riferimento all'assoggettamento di qualcuno a ciò che è <<divino e dotato di intelligenza>>, una costrizione di gran lunga preferibile, secondo Socrate, rispetto a quella in cui un uomo è soggetto a ciò che è selvaggio e privo di intelligenza.

nella propria interiorità, ma altrimenti anche se esso è imposto dall'esterno, in modo che, per quanto è possibile, siamo tutti simili e amici, in quanto guidati dallo stesso principio.>> (Plat. R*esp*. 590c – 590d, trad. M. Vegetti).

Libro X

Avendo trattato a grandi linee la costituzione della "città bella", Socrate torna a discutere del problema della poesia come imitazione del vero. Pur ammettendo il fascino della poesia, il filosofo tiene a precisare che la poesia come imitazione del vero e la tecnica dell'imitazione come creazione del simulacro della verità producono solo mali per la città, in quanto il poeta imitatore è colui che segue solo la parte irrazionale e contamina così "la città bella"; per questo sorge la necessità di bandirlo da essa.

In seguito, ritornando alla questione della giustizia e dei premi che attendono chi la pratica, Socrate afferma l'immortalità dell'anima e cerca di dimostrarla, ponendo all'attenzione di tutti i presenti il processo continuo di reincarnazione e l'impensabilità della creazione dell'anima dal nulla. Da qui deriva l'ottimismo socratico in merito alle gioie dei giusti e alle pene degli ingiusti, prima e dopo la morte, ben espresso nel mito di Er, in cui si parla - attraverso la descrizione del viaggio di questo soldato originario della Pamfilia nell'aldilà - della cosmologia geocentrica, delle punizioni e dei premi riservati ai morti, della metempsicosi delle anime.

Alla fine, Socrate ribadisce l'importanza di praticare la giustizia accompagnata dall'intelligenza per essere <<amici a noi stessi e agli dei>>.

Citazioni

1a   <<Omero invece, oppure Esiodo, i loro contemporanei, se davvero fossero stati in grado di giovare alla virtù degli uomini, li avrebbero lasciati   fare i rapsodi itineranti? o piuttosto non se li sarebbero tenuti stretti più dell'oro costringendoli (ἠνάγκαζον)[80] a stabilirsi presso di loro, e, se non avessero potuto convincerli, non li avrebbero seguiti come loro maestri, finché non avessero raggiunto un adeguato livello di educazione?>> (Plat. Resp. 600c – 600e, trad. M. Vegetti).

1b   <<Queste giustificazioni>> dissi <<siano dunque adottate – ora che abbiamo ricordato il problema della poesia - in difesa della plausibile decisione che avevamo preso allora di bandirla (ἀπεστέλλομεν)[81] dalla città, a causa di questa sua

---

[80] <<ἠνάγκαζον>> proviene dalla radice del verbo ἀναγκάζω ("costringere, obbligare") e fa riferimento alla probabile costrizione che si sarebbe potuta esercitare su poeti come Omero ed Esiodo da parte dei loro contemporanei, qualora la poesia si fosse prestata al giovamento della virtù e non all'imitazione del simulacro della virtù, cosa che non aiuta ad attingere la verità. Tenendo presente il contesto, si può dire che il tipo di costrizione, di cui si parla, è basato sulle parole, sulle moine, sulle lusinghe più convincenti e persuasive, e non sulla forza bruta. Infatti si fa cenno anche a un possibile rifiuto dei poeti e al fatto che i loro contemporanei, avendo fallito con tutto il loro repertorio di forza persuasiva, li avrebbero seguiti come maestri per raggiungere un certo livello di educazione.

[81] <<ἀπεστέλλομεν>> deriva dalla radice del verbo ἀποστέλλω, composto dall'unione del verbo στέλλω ("mandare, inviare andare,chiamare") e del prefisso ἀπό ("via, lontano"), nel senso di "scacciare, bandire", e si riferisce all'ingiunzione costrittiva ai poeti di lasciare la città, affinché non venga

natura: in effetti, la ragione ce ne faceva convinti.>> (Plat. R*esp.* 607b, trad. M. Vegetti).

1c   <<Per venire poi agli ingiusti, dico che, anche se riescono da giovani a passare inosservati, alla fine della corsa vengono scoperti e diventano ridicoli; da vecchi poi, miserabili come sono, vengono oltraggiati da stranieri e concittadini, fustigati e sottoposti (μαστιγούμενοι)[82] a quei supplizi che tu, dicendo il vero, chiamavi selvaggi: che patiscano tutti quei mali, fai conto di averlo sentito anche da me.>> (Plat. R*esp.* 613d, trad. M. Vegetti)

1d   <<Raccontare tutto, Glaucone, richiederebbe molto tempo, ma la cosa principale, a quanto si diceva, era questa: ognuno, per tutte le ingiustizie che avesse commesso e per tutti coloro che ne erano stati vittime, ne aveva pagato il fio caso per caso, ogni volta moltiplicato per dieci (cioè per periodi di cento anni ciascuno perché tanto dura una vita umana) in modo che subisse (ἐκτίνοιεν)[83] una punizione decupla rispetto all'atto ingiusto.>> (Plat. R*esp.* 615a – 615b, trad. M. Vegetti).

1e   << A tutte era dunque imposto (ἀναγκαῖον εἶναι)[84] di bere una certa misura dell'acqua [ma quelle che non erano salvate

---

contaminata dai loro simulacri di verità.

[82]<< μαστιγούμενοι>> viene dalla radice del verbo μαστιγόω ed è usato al passivo, nel contesto, con il significato di "essere frustato, essere fustigato", con il richiamo alla μάστιξ ("sferza, frusta, staffile"), lo strumento di coercizione e di punizione cui sono sottoposti selvaggiamente coloro che hanno compiuto azioni ingiuste, per mano di concittadini e stranieri.

[83]<< ἐκτίνοιεν >> proviene dalla radice del verbo ἐκτίνω, che significa "ripagare, scontare, subire", con riferimento alla punizione decupla rispetto all'atto ingiusto, alla quale sono soggetti, nell'aldilà, coloro che hanno compiuto ingiustizie durante la loro vita terrena.

[84]<< ἀναγκαῖον εἶναι >> è composto da ἀναγκαῖος-α-ον e infinito, con il

dall'intelligenza ne bevevano oltremisura]; man mano che ognuna beveva, dimenticava tutto. Dopo che si erano addormentati ed era giunta mezzanotte, ci furono un tuono e un terremoto, e d'improvviso da lì furono portate in alto verso la rinascita, in ogni direzione, filando come stelle cadenti. Quanto ad Er, gli era stato <u>proibito</u> (κωλυθῆναι)[85] di bere quell'acqua; però per che via e come avesse raggiunto il suo corpo, non lo sapeva.>> (Plat. R*esp.* 621a – 621c, trad. M. Vegetti).

---

significato di "essere costretto, essere obbligato", per quanto riguarda l'imposizione forzata alle anime, dopo che avevano scelto ciascuna il proprio destino, di bere una certa dose dell'acqua del fiume Amelete, per dimenticare quanto avevano visto nel mondo ultraterreno.

[85]<<κωλυθῆναι>> deriva dalla radice del verbo κωλύω ed è usato al passivo, nel contesto, nel senso di "essere ostacolato, essere impedito", per quanto riguarda la coercizione imposta ad Er di non bere l'acqua del fiume Amelete, in modo da non dimenticare quello che aveva visto nell'aldilà e poter tornare sulla terra a raccontarlo.

Parte seconda

I   L'autocostrizione: il principio del filosofo Platone e del suo pensiero

II   La costrizione logico-retorica: il metodo socratico e le sue conseguenze

III   La costrizione fisica: uno sguardo agli effetti costrittivi sul mondo fenomenico

IV   La costrizione interiore: penetrazione nelle profondità remote dell'anima

V   La costrizione pedagogica: educazione e condizionamento

VI   La costrizione normativa: il νόμος come riuscita fusione tra interno ed esterno

VII La costrizione cosmico-teologica: il gran finale della filosofia platonica

Capitolo I

L'autocostrizione:
il principio del filosofo Platone e del suo pensiero

Il fatto essenziale da rivelare e da tenere presente, da qui in avanti, è che le categorie di costrizione, riscontrate da noi nel testo della *Repubblica,* pur avendo ciascuna le sue caratteristiche peculiari e anche qualcosa in comune con le altre, non devono essere mai separate le une dalle altre. Infatti, ogni categoria, avendo in comune il suo legame con la costrizione, rimanda inevitabilmente all'altra e quest'ultima ricopre un livello e una zona di influenza ben precisi e soprattutto superiori rispetto alla precedente, fino ad arrivare all'ultima che interessa l'universo intero. Il nostro intento sarà di esaminare, nella maniera più attenta possibile, queste categorie di costrizione a partire dalla prima, quella che riguarda il livello di influenza minimo, ma che tuttavia non per questo è il caso di sminuire, dal momento che essa determina l'inizio vero e proprio della ricerca della verità, la nascita del filosofo che è in noi.

Due azioni, nella ricostruzione di Mario Vegetti, segnano profondamente la mente di Platone: la sua vantata discendenza aristocratica e il suo apprendistato con Socrate.

Per quanto riguarda la prima, sappiamo che la madre, Perictione, discendeva dal primo legislatore di Atene, Solone, e dall'estremista oligarchico Crizia, principale esponente del governo dei trenta tiranni nonché fautore del rovescio della democrazia e della cancellazione degli equilibri sociali introdotti proprio da Solone; il padre, Aristone, asseriva con grande orgoglio, al limite del vanto, di discendere da Codro, ultimo re di Atene. Platone era di certo orgoglioso dell'alone regale e mitico che circondava la sua famiglia e lui stesso non poté fare a meno di esserne influenzato, così come non poté evitare di subire il fascino del lato oscuro e sinistro di quella regalità, ossia la vocazione al potere supremo. Quest'ultima fu, però, attenuata e forse armonizzata con la ricerca del giusto esercizio della politica, ricerca a cui fu spinto con grande zelo dal suo maestro Socrate. E proprio quest'uomo è colui su cui più dobbiamo approfondire il nostro studio, per poter finalmente entrare nel dialogo platonico e poter parlare, come abbiamo detto prima, della prima categoria di costrizione.

Di Socrate sappiamo pochissimo, ma tra i fatti da tenere bene a mente ai fini della nostra indagine ci sono il suo rapporto intenso con i sofisti, la sua partecipazione attiva e entusiastica alle attività militari in difesa della sua città, infine l'accusa presentata da Meleto contro di lui che ha portato alla sua condanna a morte. Il suo rapporto con i sofisti ci suggerisce che si sia misurato concretamente - e non solo nella *Repubblica,* come negli altri dialoghi platonici -, con l'arroganza di questi *misologi* e con il loro concetto di verità e la loro concezione del sapere, entrambi relativi e mutevoli da individuo a individuo. Gli altri due fatti testimoniano la sua ferma credenza e la sua totale dedizione a qualcosa che trascende il piano del contingente, a qualcosa che va oltre il relativo: la partecipazione ad alcune battaglie della guerra del Peloponneso dimostra la sua fedeltà assoluta a valori della patria, o quantomeno il suo attaccamento profondo alla *polis* degli ateniesi; l'accusa mossa contro di lui, in particolare riguardo all'introdurre nuove divinità, informa sulla convinzione di Socrate della esistenza di entità universali, in primo luogo il dio buono, poi l'anima, in cui viene identificato l'uomo in quanto sua essenza e che corrisponde all'attività razionale e conoscitiva, la virtù intesa come potenziamento dell'attività conoscitiva e quindi come "scienza" e "conoscenza" . Da quanto detto finora, possiamo già farci una chiara idea di chi sia stato Socrate: un uomo che, pur avendo visto la sua cara città passare dalla condizione di massimo splendore a quella di massimo degrado, rimase sempre convinto dell'esistenza e dell'esigenza di valori e entità universali, grazie ai quali l'uomo può ri-trovare la sua identità stabile e incorruttibile nell'anima, ossia nella sua attività razionale e conoscitiva, attraverso la libertà, intesa come libertà interiore, con il compito di gestire e regolare la sfera irrazionale legata al corpo, e la felicità, che si realizza quando nell'anima prevale l'ordine. L'uomo è uomo, per Socrate, quando scopre la sua essenza, l'anima, e si identifica con essa, quando insomma "conosce se stesso" come personalità intellettuale e morale. Tuttavia, affinché possa ri-scoprire e comprendersi pertanto come verità certa e inoppugnabile, l'uomo deve prima liberarsi della sfera irrazionale dei sensi, degli istinti, delle passioni, dei desideri legati al corpo in cui è imprigionata l'anima, e per fare questo sempre egli deve intendere la libertà interiore di cui è dotato come "autodominio" , per mezzo del quale si libera di tutto ciò che è irrazionale e di tutti quei possessi inutili e inconcludenti – agi, ricchezze, premi, lusso, oggetti di valore - che non fanno altro che alimentare le sue passioni e che impediscono il conseguimento dell'ordine nell'anima, in quanto la virtù, ossia la "conoscenza", che dovrebbe portare a tale ordine, è offuscata e corrotta dalle continue richieste di piacere insaziabile del corpo.

Siamo giunti così al punto che ci interessava. Ora, grazie alla descrizione di poco fa, possiamo vedere chiaramente il Socrate, che ha segnato l'inizio della filosofia in generale e della filosofia di Platone in particolare, e il Socrate, che vogliamo indagare in merito al concetto di costrizione, fare finalmente il suo ingresso nella nostra mente insieme a Glaucone nella *Repubblica*. E' il Socrate che ha compreso e praticato l'*autodominio,* il dominio su tutto ciò che alimenta e accresce gli istinti e i desideri peggiori, quelli del corpo, in modo tale da attingere a valori e a entità che trascendono il mondo finito e contingente; è il Socrate che ha illuminato Platone, più di quanto forse entrambi si aspettassero, sull'importanza di liberare la propria anima dalla prigione del corpo, così da riscoprire l'anima stessa come fonte di verità e quindi, attraverso la "conoscenza" che è virtù, ritornare al proprio luogo originario, il mondo delle entità eterne e immutabili; è, in breve, il Socrate, attraverso cui Platone compie la sua speculazione filosofica riguardo alla costrizione nella *Repubblica* e che noi analizzeremo e spiegheremo, cominciando dalla prima categoria di costrizione, ossia quella dell'autocostrizione.

Nel libro VIII della *Repubblica* Platone riporta il termine autocostrizione nella locuzione greca <<ἑαυτοῦ βίᾳ>>. Solitamente viene usato il sostantivo ἀνάγκη o il verbo ἀναγκάζω per indicare la costrizione, cosa che Platone fa nella maggior parte dei casi, ma qui invece no, forse a causa del contesto oppure no, visto che <<ἑαυτοῦ βίᾳ>> è l'unico termine che indica con assoluta certezza l'autocostrizione e quindi non è possibile confrontarlo con altri termini dello stesso significato, sempre ammesso che questi avrebbero avuto una forma greca diversa da quella di <<ἑαυτοῦ βίᾳ>>. Comunque sia, il sostantivo βία, pur indicando la coercizione, è da intendere come rafforzativo, in quanto fa più riferimento al concetto di violenza che a quello di forza, a cui abitualmente si accosta quello di costrizione; qualche volta βία viene anche usato nel senso della parola francese <<hâte>>[86] che ha il doppio significato di fretta e pazienza. Il pronome riflessivo ἑαυτοῦ indica a chi è indirizzata la costrizione, ossia a se stessi, in modo da porre sotto controllo la parte irrazionale dell'anima legata ai sensi. Nel contesto da cui <<ἑαυτοῦ βίᾳ>> è stato preso, Platone infatti parla dell'autocostrizione come di un dominio durissimo e conflittuale esercitato dall'oligarchico sui propri istinti in pubblico, in modo tale da non rivelare la sua vera natura corrotta e disonesta e rovinare l'apparente buona reputazione che è riuscito a costruirsi. Per l'oligarchico, l'autocostrizione assume l'apparenza di una sorta di baratto, scambio, dal momento che tende a sostituire certi piaceri o dolori ad altri. Per l'esattezza, l'oligarchico rinuncia a quei desideri che potrebbero compromettere seriamente la sua immagine pubblica, senza tuttavia privarsi di altri, di certo non innocui, di cui decide di restare schiavo: in breve, sceglie di barattare qualcosa che vale di meno con qualcosa che vale di più. Anche per Socrate, l'autocostrizione è come la intende l'oligarchico, vale a dire uno scambio, ma un cambio all'insegna della virtù, grazie al quale tutti i piaceri, i dolori, gli interessi, i desideri particolari legati al corpo vengono barattati con la sola moneta che vale, il sapere, con il quale si può acquisire il coraggio, la saggezza, la giustizia, ossia la virtù vera, non disgiunta dalla sapienza. C'è da dire poi che, anche

---

[86] Cfr. P. Chantraine, *Dictionnaire étymologique de la langue grecque:histoire de mots,* tomi I-IV.2, Paris, (Klincksieck), 1984-90.

se Platone non usa più l'espressione greca <<ἑαυτοῦ βίᾳ>> per indicare l'autocostrizione in un altro contesto, tuttavia la sua presenza e il continuo rimando a essa rimangono costanti, dal momento che, come abbiamo cercato di comprendere prima, l'autocostrizione rappresenta la base, il punto di partenza del pensiero platonico, così come prima di Platone ha costituito l'essere stesso di Socrate, il suo inizio come filosofo, come ricercatore della verità.

Si parla di autocostrizione all'inizio del libro I, quando Socrate, seppure a malincuore , alla fine accetta l'invito di Polemarco e dei suoi amici, desideroso, suo malgrado, di estendere il suo sapere, di continuare la conquista della sapienza e della verità, in quanto sa benissimo che <<questa conquista può essere ottenuta solo attraverso il confronto, l'inchiesta, il lavoro dialettico che devono aver luogo pazientemente nel contatto con le zone "infere" della città, i suoi strati sociali, le sue tradizioni culturali, i suoi conflitti politico-ideologici>>[87]. Accettando l'invito a casa di Cefalo, Socrate sceglie di affrontare direttamente gli abitanti del Pireo, cioè quei personaggi legati <<al porto e al complesso passionale che vi domina, la *epithymia*>>[88], al fine di ricercare la conoscenza, che non possiede ancora né è in grado di insegnarla, ma che conquista poco a poco, non per via della rivelazione di una dea profetica, ma grazie al confronto dialettico con Cefalo e gli altri residenti del Pireo. Si parla di autocostrizione nel libro IV, quando Socrate afferma la tripartizione dell'anima e la necessità che due delle parti dell'anima, il *loghistikòn* e il *thymoeidès*, collaborino al fine di esercitare la loro predominanza sulla parte più estesa, l'*epithymetikòn,* cioè quella irrazionale e desiderante, in modo

---

[87] Cfr Mario Vegetti, *La Repubblica,* vol. I Libro I, Bibliopolis, 1998.
[88] Cfr Mario Vegetti, *La Repubblica,* vol. I Libro I, Bibliopolis, 1998.

tale da far prevalere l'ordine nell'anima e giungere così al vero sapere degli <<amici della verità>>, cioè i filosofi, e non a quello falso degli <<amici dell'opinione>>, ossia i sofisti, ponendosi nella condizione di guida attiva per sé e per gli altri. Dopotutto, per Socrate <<l'esercizio dell'autorità sugli altri presuppone un'indagine preliminare su se stessi, sulle modalità con cui si amministra la propria anima>>[89], ossia il controllo sui propri desideri e le proprie passioni da parte di un'istanza razionale, la sola in grado di assicurare comportamenti conformi a *sophrosyne* e *dikaiosyne*.

Persino nel mito della caverna non possiamo non riconoscere la presenza dell'autocostrizione: chi vuole arrivare alla contemplazione del buono in sé, che rende <<utili e vantaggiose>> tutte quelle cose che colpisce, come il sole rende luminosi gli oggetti colpiti dai suoi raggi, deve costringersi ad aprire gli occhi di fronte al sole accecante e fastidioso e abituarsi alla luce forte per poter scoprire le meraviglie e le bellezze del mondo delle idee – tenendo conto che con questo Platone non voleva ammettere l'esistenza di due mondi separati e che il nostro è un modo per semplificare la comprensione, così come quando abbiamo suddiviso in categorie la costrizione, senza per questo voler asserire la separazione delle une dalle altre.

In conclusione, l'autocostrizione è la chiave che serve a ognuno per aprire la porta della "conoscenza" ed entrare nella casa delle idee, dove è padrone il buono in sé, lasciandosi alle spalle così l'esterno dal clima mutevole e dai luoghi diversi, che ha, per affinità, come grande amico, o meglio amante, il corpo con i suoi piaceri, istinti, passioni; bisogna invece far

---

[89] Cfr Mario Vegetti, *La Repubblica,* vol. III Libro IV, Bibliopolis, 1998.

tacere il corpo per mantenere ordine nell'anima e conseguire la felicità, che assume una valenza spirituale e si viene a creare, insieme all'ordine nell'anima, grazie alla virtù, ossia attraverso il potenziamento continuo dell'agire conoscitivo e morale dell'uomo.

Capitolo II

La costrizione logico-retorica:
il metodo socratico e le sue conseguenze

Alla categoria dell'autocostrizione fa immediatamente seguito quella legata strettamente ad essa - potremo giustamente intenderla un suo effetto -, pur essendoci delle differenze tra le due. Essa è la categoria della costrizione logico-retorica.

A differenza dell'autocostrizione, che riguarda principalmente l'ambiente interno e, in misura minore, l'ambiente esterno – infatti, gli effetti del duro controllo che si è esercitato sui propri istinti e desideri negativi si fanno risentire nel rapporto con il mondo fenomenico e con gli altri -, la costrizione logico-retorica interessa più l'esterno che l'interno. Difatti, il Socrate che abbiamo delineato prima basandoci sui pochi dati della sua vita, certamente, una volta operato l'*autodominio*, un dominio su tutto ciò che è irrazionale e scatena le passioni del corpo, e una volta ottenuta così la consapevolezza sul modo di conquistare il vero sapere, che occupa la sfera dell'immortale e dell'eterno, dell'universale, non riterrà completato il suo cammino filosofico. Questo *iter*, secondo la convinzione di Socrate e Platone, non termina mai; infatti un cammino filosofico basato sulla ricerca di un sapere che si è conquistato, se terminasse con il conseguimento di un sapere che, nato grazie anche all'altro, si chiudesse in se stesso, allora questo sapere sarebbe più sterile e inutile di quello sofistico. Il sapere si accresce continuamente attraverso il confronto con l'altro e mai deve cessare di essere così. Pertanto, il vero sapere esiste per essere condiviso, per poter essere di tutti, in quanto in tutti vi è il vero sapere, anche se pochissimi, grazie all'esercizio dell'autocostrizione , lo raggiungono, e costoro, tra cui Socrate, sono chiamati, o meglio sono spinti a farlo perseguire anche agli altri, a tornare nella caverna per liberare gli altri prigionieri e mostrare loro, come a bambini stupiti che indicano a bocca aperta e entusiasti l'oggetto della loro curiosità, la brillantezza del mondo sotto la luce calda e vivida del sole, del buono in sé. Tuttavia, poiché l'anima di quelle persone che devono essere condotte alla luce è legata, mentalmente, a pregiudizi e a opinioni e, fisicamente, ai piaceri e alle pulsazioni del corpo, coloro che hanno già trovato e contemplato la luce, il buono in sé, proprio perché lo hanno trovato e amato per il suo essere buono, non possono astenersi dal liberare gli altri ancora intrappolati dalle catene. E questa liberazione, per Socrate, deve avvenire attraverso la "persuasione" e l'educazione spirituale, mediante il "con-vincere", un metodo che, se è stato riportato per lo più al tema della non violenza, noi non possiamo fare a meno di legarlo alla categoria della costrizione logico-retorica, una costrizione che viene dalla cogenza del rigore logico, dal discorso che possiede <<l'aspetto della necessità e in ciò risiede l'essenza del suo potere>>[90]. Con il suo metodo, Socrate sfrutta al meglio l'onnipotenza del *logos* che si presenta non tanto nell'imposizione di qualsiasi opinione

---

[90] Monique Dixsaut, *La natura filosofica (Saggio sui dialoghi di Platone)*, Loffredo edit. , 2003.

o chimera, quanto nella loro distruzione, che conduce al dissolvimento di ogni unità e fa sì che il pensiero, con la sua rapidità di cambiare prospettiva, produca <<discorsi capaci di persuadere della loro necessità e universalità>>[91]. Anzi lo stesso metodo socratico è costrizione logico-retorica, che si attua attraverso e nel dialogo mediante e durante tre momenti: l'ironia, la confutazione e la maieutica.

Generalmente Socrate, presentandosi con un atteggiamento ironico e simulato come non-sapiente, avvia il dialogo con un interlocutore, dando a costui l'impressione di trovarsi nella parte del maestro, per costringere l'avversario a definire compiutamente la sua tesi, scandendo logicamente i passaggi del suo discorso. La tesi dell'avversario, al di là dell'argomento da discutere, si affida, come possiamo ben notare nella *Repubblica* e in altri dialoghi, alle esperienze personali e particolari, che Socrate, pur apprezzando con interesse intellettuale, non può ritenere degne di presentarsi come verità certe e incontrovertibili di contro a verità certe e incorruttibili, stimate per essere la base del vero sapere. Pertanto Socrate, dopo aver finto di accettare la tesi dell'avversario e averlo fatto cadere in contraddizione e confusione – riprendendo il suo discorso e chiedendo chiarimenti su alcune questioni le cui risposte andavano contro quanto affermato prima -, passa al momento della confutazione, il centro nevralgico della costrizione logico-retorica, mettendo in campo tutto il suo arsenale di artifici linguistici. Di certo il suo rapporto con i sofisti non può che aver contribuito a realizzare e ad affinare la sua maestria nel fare e nel condurre i discorsi. Soprattutto è il caso di tener conto della sua amicizia con Prodico, definito da lui scherzosamente <<suo maestro>> e scopritore della tecnica

---

[91] Monique Dixsaut, *La natura filosofica (Saggio sui dialoghi di Platone)*, Loffredo edit. , 2003.

della sinonimica, ovvero della ricerca dei termini sinonimi e delle differenti sfumature dei loro significati, grazie alla quale era possibile elaborare discorsi sottili e convincenti. Questa tecnica ha esercitato forti influssi sulla ricerca socratica del "che cos'è", platonicamente intesa come ricerca dell'essenza delle varie cose e, in merito all'argomento che stiamo trattando, ha dato anche un grande contributo allo sviluppo mentale in Socrate della sua *macroretorica* , strumento della costrizione logico-retorica, una tecnica di cui Adimanto, nel libro VI della *Repubblica,* dopo aver rivolto l'aspra accusa a Socrate di aver utilizzato la costrizione sui suoi interlocutori, dà una piena spiegazione. Da quanto riferito da Adimanto e dal modo in cui Socrate risponde a costui e continua con la coercizione che fa leva sul rigore logico, siamo giunti a individuare una triplice strategia nella *macroretorica.*

La prima si basa su un sistema di domanda e risposta già "predetto", in quanto la domanda fatta da Socrate, scelta con grande attenzione, è sempre una domanda retorica, che fa affidamento su verità elementari e inconfutabili o su luoghi comuni appartenenti alla tradizione, mentre la risposta è già insita nella domanda, dal momento che quest'ultima si fonda su verità semplici e ineludibili su cui controbattere è impossibile. Vediamo alcuni esempi:

<<E' necessario perciò che un'anima cattiva governi e sorvegli male, mentre quella buona faccia bene in tutto questo.>>

<<Necessario.>> (Plat. *Resp.* 353e, trad. M. Vegetti)

<<E non è dunque questo? Da quell'uomo avaro e oligarchico nascerà, credo, un figlio allevato dal padre secondo i propri costumi.>>

<<Come no?>>

<<Anche lui, dunque, si impegnerà a governare con la forza la sua attrazione verso quei piaceri che comportano dispendio invece che guadagno di denaro: quelli insomma che vengono chiamati non necessari.>>

<<Chiaro>> disse. (Plat. *Resp*. 558c-558d, trad. M. Vegetti)

<<E la città sottoposta alla tirannide è necessariamente ricca o povera?>>

<<Povera.>>

<<Ed è dunque necessario che l'anima tirannica sia bisognosa e insaziata.>>

<<E' così>> disse lui.

<<E poi? Non è necessario che una simile città e un simile uomo siano colmi di paura?>>

<<Molta davvero.>>

<<Lamenti, gemiti, pianti, sofferenze, pensi che ne troveresti di più in qualche altra città?>>

<<No davvero.>> (Plat. *Resp.* 577e-578a, trad. M. Vegetti)

Come possiamo notare, Platone utilizza con assidua frequenza il termine greco ἀνάγκη volendo far riferimento all'impossibilità che una cosa sia differente da quella che è, o è detta essere. Quel termine, quindi, si riferisce, come abbiamo già accennato nell'analisi filologica, a una sorta di "costrizione predestinata", intesa come *sospingimento* logico forzato verso l'accettazione, totale e già costruita retoricamente a partire dalla domanda, alle conclusioni di Socrate.

La seconda strategia, pur essendo agganciata alla prima, poiché è sempre presente il sistema di domanda e risposta, predilige la pratica delle "piccole deviazioni", la quale si basa sull'attenzione focalizzata da Socrate su determinati sostantivi, verbi, aggettivi, frasi, proposizioni, affermazioni, negazioni e sulle minuscole sfumature di significato che sottintendono e a cui rimandano, per dirottare, in maniera quasi impercettibile, l'andamento del discorso a favore della propria argomentazione. L'effetto che questa strategia ottiene sull'interlocutore è sia psicologico che fisico – anche se non se ne ha la dovuta consapevolezza - dato che la pratica delle "piccole deviazioni" si presenta come un vero e proprio trascinamento. E infatti, Platone usa il verbo ἕλκω (trascinare, tirare, tendere) a proposito della costrizione adoperata su Trasimaco da parte di Socrate, costrizione che spinge il sofista verso uno stato di stress mentale e fisico, che ha come sintomi confusione e rabbia da un lato, sudorazione e arrossamento della pelle dall'altro.

La terza strategia, infine, è adoperata frequentemente da Socrate – Adimanto ironizza anche sull'uso continuo di essa -, ma alle volte, come possiamo vedere nella *Repubblica*, nel caso le prime due falliscano o siano scoperte, l'ultima viene usata per liquidare ogni protesta, ogni negazione, ogni contrapposizione e riprendere le redini del discorso. E' la strategia della metafora e dell'allegoria: l'impatto visivo ed emotivo dell'immagine e della scena evocata dal racconto tranquillizza l'animo turbato o teso per lo sforzo di concentrazione e fornisce una risposta assimilabile e comprensibile a problemi di difficile soluzione concettuale. Sembra che questa strategia, ancora prima che Socrate la utilizzi nella *Repubblica*, venga intuita e smascherata da Trasimaco nel libro I:

<<E come ti convincerò?>> disse. <<Se non sei stato persuaso da ciò che ho appena detto, che potrò farti ancora? Dovrò prendere il mio discorso e ficcartelo nell'anima?>>

<<Per Zeus>> dissi io, <<non farlo>> (Plat. *Resp.* 345b, trad. M. Vegetti)

La pratica della metafora e dell'allegoria coniuga, attraverso il suo uso, la comprensione e l'assimilazione, e il verbo ἐντίθημι adoperato nel senso di "metter dentro, collocare in, immettere, ficcare", può effettivamente indicare la natura della terza strategia. Se è così, allora nel passo di sopra, Trasimaco, fallito il tentativo di convincere Socrate della validità della sua tesi, dovrebbe fare come fa spesso il filosofo e usare la sua stessa strategia, ma in maniera diversa, con un accenno di violenza e asprezza nell'uso, cosa che ben rispecchierebbe la personalità del sofista e il significato del verbo greco, e farebbe comprendere il motivo dell'imprecazione socratica, quanto mai rara nel dialogo, e quello dell'utilizzo del termine ἀλλά subito dopo, nel tentativo di riprendere il discorso, un uso che si prospetta inutile e teso a esprimere imbarazzo di fronte all'atteggiamento di Trasimaco o timore di essere scoperto. In ogni modo non ci sono prove concretamente valide per sostenere quanto detto sulla scoperta di Trasimaco della strategia socratica della metafora e dell'allegoria.

Tuttavia le parole rivolte da Trasimaco a Socrate ci rivelano un fatto molto importante: la distinzione tra persuasione e costrizione e la loro particolare relazione, su cui la stessa *macroretorica* socratica fa affidamento per ottenere maggiore efficacia. Quando infatti, nota che Socrate non mostra alcun segno di voler accettare la sua tesi, Trasimaco ribatte, a un Socrate ancora in vena di chiarimenti, che ormai solo l'uso della forza e non più la persuasione sarebbe in grado di inserire il suo discorso nella mente del filosofo. Ecco che, si presenta, da un lato, la persuasione, in greco πειθώ, intesa come capacità o facoltà di indurre qualcuno a una specifica convinzione o azione mediante l'utilizzo attento e dosato delle parole; dall'altro lato, la costrizione, in greco ἀνάγκη, concepita come capacità e facoltà di obbligare qualcuno a una determinata convinzione o azione tramite l'uso brutale e minaccioso sia delle parole sia della forza fisica.

Entrambe queste pratiche sono realizzate da un soggetto al fine di costruirsi attorno un'aura di potere che superi, per potenza e capacità di soggezione, quella che emettono gli altri - quindi, in breve, per costruirsi un luogo "proprio", sicuro, protetto, ove entrano anche altri non con atteggiamento paritario, bensì sottomesso verso chi pratica persuasione e/o costrizione -, un soggetto che, a seconda che usi persuasione o costrizione, tende a una pratica di sottomissione minore o maggiore sugli altri. Comunque sia, la persuasione così come la costrizione operano una rottura nei confronti di consuetudini abitudinarie e tradizionali – ad esempio, nei confronti dell'idea che il giusto vinca sempre sull'ingiusto, dell'idea che i buoni siano sempre ricompensati, dell'idea che gli dei abbiano fattezze umane e passioni simili a quelle degli uomini – spingendo il soggetto da persuadere o da costringere, all'accettazione di un'idea, di un fatto, di un'azione sostenuta dal soggetto che persuade o che costringe.

Nel caso della persuasione, grazie all'uso razionale e controllato delle parole, che il soggetto da persuadere tende ad assimilare con facilità e scioltezza mentali e a lasciare che le nuove idee, di cui le parole sono portatrici, si sostituiscano a quelle vecchie precedentemente accettate, il soggetto che persuade indirizza il soggetto da persuadere verso un'accettazione apparentemente volontaria delle sue opinioni, concezioni, pregiudizi.

Al contrario, per quanto riguarda la costrizione, si ha un'accettazione chiaramente forzata e non intenzionale, poiché essa tiene sì conto delle parole, ma anche e soprattutto della forza – si tenga presente, a tal proposito solo il caso, nella *Repubblica,* della forza fisica esercitata su Trasimaco quando era in procinto di lasciare la casa di Cefalo dopo aver esposto la sua tesi, una forza che forse anche Socrate ha praticato su di lui per impedirgli di andarsene e dargli la possibilità di rendersi conto della sua sconfitta sul piano discorsivo e logico.

Pur se distinte, la persuasione e la costrizione possono rapportarsi tra loro, come ci fa capire Trasimaco quando minaccia di prendere il suo discorso e di inserirlo a forza nella mente del filosofo, anzi la successiva reazione scandalizzata di Socrate può essere fatta risalire alla presa di consapevolezza del filosofo che il sofista abbia subodorato anche ciò su cui si regge la sua *macroretorica* con le sue strategie, ossia la sua doppia natura persuasiva e costrittiva. Se questo è il caso, allora la prima e parte della seconda delle strategie della *macroretorica* sono da riportare nell'ambito della persuasione, visto l'utilizzo metodico delle parole che viene fatto, mentre parte della seconda e la probabile terza delle strategie della *macroretorica* riguardano il campo della costrizione, dal momento che Socrate con le sue "piccole deviazioni" e con la forza bruta dell'immagine e della scena, realizzata dalla metafora e dall'allegoria che colpisce la sfera visiva quanto quella emotiva, spinge forzatamente il discorso e i suoi ascoltatori dalla sua parte. Non è da escludere anche l'utilizzo da parte di Socrate, mentre adopera la seconda e la terza strategia, di movimenti del corpo, come le movenze delle dita e delle braccia per gesticolare e dare più impatto all'argomentazione, esercitando così più costrizione sui suoi ascoltatori, o l'uso delle mani per indicare e anche trattenere chi mostra di volersi tirare indietro dal dialogo. Trasimaco, adducendole per ironia a se stesso, fa riferimento alla persuasione, di cui Socrate fa uso con il verbo greco πείθω, che significa appunto "persuadere, convincere, indurre" in maniera non violenta, e alla costrizione, di cui si serve il filosofo e che utilizza, da un lato, parole che allontanano dalla questione centrale in modo semplice e inevitabile e, dall'altro, l'impatto visivo ed emotivo del racconto. Per essere più precisi, Trasimaco, ai fini di tale riferimento, adopera il verbo ἐντίθημι, che vuol dire "mettere dentro, immettere, ficcare", relativamente alla pratica di inserimento forzato di un discorso o di una tesi direttamente nell'anima dell'individuo, in maniera tale che quel discorso o quella tesi dominino l'anima intera, e quindi entrambe le due parti importanti di questa che Socrate ha fatto intravedere in maniera implicita dall'inizio del dialogo con il riferimento a un'anima cattiva, governata dai sensi, e a un'anima giusta, governata dalla ragione. In particolare, la strategia delle "piccole deviazioni", che tende a portare l'argomentazione a proprio vantaggio sul piano logico e discorsivo, prende possesso della parte razionale dell'anima dell'ascoltatore, mentre la terza strategia, grazie agli effetti visivi e all'impatto emotivo suscitati dal racconto, domina la parte irrazionale dell'anima dell'ascoltatore, facendo leva sulle passioni legate al corpo.

Persuasione e costrizione, quindi, pur se distinte l'una dall'altra, sono legate da una stretta relazione dialettica per cui l'una rimanda all'altra, tale che la persuasione arriva a esercitare costrizione, quale "strumento convincente", per ottenere il massimo effetto sugli altri; e, dal canto suo, la costrizione, al fine di mantenersi in auge, giunge ad esercitare persuasione per dare legittimazione e logica alla sua azione brutale. La persuasione e la costrizione, in breve, hanno bisogno l'una dell'altra, ossia necessitano di basarsi su un rapporto di distinzione e di reciprocità, per ottenere un'affermazione definitiva e completa.

La *macroretorica* socratica non mira solo alla confutazione della tesi dell'avversario e a spingere i presenti a voler vedere l'interlocutore cadere sulla propria tesi, cedere a Socrate, segno della sua potenza distruttiva e quasi affascinante, ma sprona anche, dopo il riconoscimento dei propri errori e le proprie inesattezze da parte dell'avversario, a ricercare ancora più di prima la verità, sempre attraverso il dialogo e mediante domande e risposte, fino a riuscire a "far nascere" la verità – quella a cui ha voluto tendere Socrate, precisiamo, o comunque più lui che il suo interlocutore - nell'anima del dialogante, quando questa ne è gravida. Il metodo socratico raggiunge così il momento conclusivo, la maieutica, l'"arte del levare", tipica dell'ostetrica, realizzantesi nel suo attuarsi.

A tutto quanto è stato detto finora, per concludere, è il caso di aggiungere tre constatazioni non di poca importanza. La prima è che, per quanto la costrizione logico-retorica usata da Socrate sia potente ed efficace, ciò nondimeno è possibile evitare completamente il suo fortissimo effetto persuasivo in uno specifico modo, ben evidenziato nelle prime battute della *Repubblica*: il rifiuto dell'ascolto. Socrate, desideroso di ritornare quanto prima in città, tenta di usare la sua *macroretorica* su Polemarco e i suoi amici, che non vogliono ancora che lasci il Pireo, causando così l'annullamento della costrizione logico-retorica che Socrate stava per operare, la quale quindi viene eliminata da un'altra costrizione, che ha come unico fine quello di negare qualunque forma di comunicazione – scritta, verbale - e quindi di impedire al pensiero anche di esprimersi. E' una costrizione in totale antitesi a quella logico-retorica, in quanto non ha altra base, altra ragion d'essere se non il rifiuto, e pertanto il rifiuto della logica e del discorso.

La seconda è che, non solo l'interlocutore di Socrate, ma anche Socrate stesso, alle volte, finisce per rimanere impigliato nella ragnatela della costrizione logico-retorica, in difficoltà gravi ad uscirne, a costo di grandi sforzi intellettuali che mettono il suo discorso in serio pericolo, di fronte al desiderio crescente e incontrollabile di voler saper sempre di più da parte dei suoi interlocutori:

Glaucone disse allora, scoppiando a ridere: <<Per Apollo, che straordinaria esagerazione!>>.

<<Proprio tu>> dissi io <<ne hai la colpa, tu che mi hai costretto a dire le mie opinioni su questo.>> (Plat. *Resp.* 509c, trad. M. Vegetti)

<<Dunque ora non obbligarmi a concedere ai difensori una felicità tale che ne farebbe tutto salvo che difensori.>> (Plat. *Resp.* 420d – 420e, trad. M. Vegetti)

L'ultima da tener presente è che la costrizione logico-retorica non è, a quanto pare, di esclusiva competenza di Socrate e dei filosofi, ma sembra che anche i nemici di questi ultimi, i cosiddetti "amici dell'opinione" che compongono, tra l'altro, la folla, siano in grado di usarla, anche se adoperando pure la forza fisica, così da costringere chiunque entri in contatto con essa di sottostare in tutto e per tutto, con l'intero suo bagaglio culturale, a quello che essa ama e apprezza nell'immediato. La folla, infatti, per Socrate, non è <<filosofa>> e quindi "necessariamente" disprezza e cerca di eliminare chi fa filosofia, mentre invece arriva a stimare chi desidera farsela amica e commerciare con essa. Platone, a proposito della costrizione operata dalla folla su chiunque, usa l'espressione <<necessità diomedea>>. L'aggettivo legato ad ἀνάγκη allude a un personaggio, Diomede, che in qualche modo incarna al meglio l'agire della folla. Abbiamo individuato quattro possibili riferimenti: c'è un Diomede che, assalito da Ulisse mentre tenta di ucciderlo, riesce a neutralizzarlo legandogli le armi; c'è un Diomede, re di Tracia, di cui parla Esichio, che, avendo figlie malvagie e corrotte, costringe alcuni uomini ad avere rapporti con loro, per poi ucciderli subito dopo; si parla anche di un Diomede che, figlio di Tideo, re di Argo, partecipa alla guerra contro Ilio, dove si distingue per la sua forza e la sua temerarietà e che, penetrato con Odisseo nella rocca dei Troiani, ruba il Palladio, commettendo un sacrilegio, in quanto in quel momento aveva le mani sporche del sangue delle sentinelle che aveva ucciso; infine vi è un Diomede, figlio di Ares e re dei Bistoni di Tracia, possessore di cavalle divoratrici di carne umana, le quali sono domate e poi portate a Euristeo da Eracle come segno della buona riuscita della seconda fatica, mentre Diomede viene gettato in pasto alle cavalle dall'eroe – da qui l'idea che il mito sia connesso ai <<cavalli della morte>>, accanto ai quali Diomede appare come un terribile dio della morte. Pur non sapendo a quale di queste figure si ricolleghi l'aggettivo usato da Platone – i pareri degli studiosi non sono unanimi -, tuttavia notiamo, in tutte e quattro le storie e le azioni di questo Diomede, un forte richiamo a temi che si inseriscono nel macabro, come quello della forza fisica, della violenza gratuita, della morte, del suo legame con essa nell'assassinio e nel possesso di cose inanimate o animate che generano distruzione, nella pressione esercitata sugli altri come potere decisionale, e altri ancora che rappresentano la natura della costrizione logico-retorica operata dalla folla, la quale proprio perché non è <<filosofa>>, vede nella violenza e nella forza tramite le parole solo l'inizio e il mezzo per tendere, com'è naturale per essa, all'altro tipo di costrizione riguardante l'ambito fisico, ossia la costrizione fisica. In questo senso, la <<necessità diomedea>>, di cui Platone parla in riferimento alla costrizione usata dalla folla, può essere intesa come sinonimo di βία, che vuol dire propriamente "violenza, forza collerica, ira" e sta a indicare la degenerazione della relazione dialettica tra persuasione e costrizione, a causa del suo negativo appiattimento esclusivamente sul piano fisico, di contro il rapporto di distinzione e, al tempo stesso, di reciprocità tra fisico e psichico nella relazione dialettica persuasione-costrizione. La persuasione e la costrizione, infatti, collaborano l'una con l'altra, in quanto la prima punta sul rigore logico e retorico del discorso sul piano psichico ma, contemporaneamente, trova espressione efficace grazie alla costrizione sul piano fisico; la seconda conta sull'uso della forza per trattenere e per convincere e dei movimenti particolari del corpo messi in pratica nel linguaggio gestuale, ma non per questo disdegna l'uso delle parole, anzi tale utilizzo si presenta necessario al fine di ottenere riconoscimento e legittimazione, come è stato detto precedentemente, sebbene le parole usate da essa manifestano una più ampia forza incisiva e penetrante, quasi minacciosa, rispetto a quelle adoperate dalla persuasione. La βία invece spezza questa sorta di armonia, determinata da distinzione e reciprocità, tra fisico e psichico nella relazione dialettica fra persuasione e costrizione, così come questa stessa relazione, a causa del suo ricorso alla violenza verbale – imprecazioni, minacce, maledizioni e parole prive di qualunque valenza logica e razionale, dettate dall'istinto - e a quella fisica – spinte, espropriazioni, sequestri di beni, gesti minacciosi, distruzione di città e territori nel corso delle guerre. E βία è il termine greco che Platone utilizza pure per designare la costrizione fisica, che adesso tratteremo come successiva a quella logico–retorica.

Capitolo III

La costrizione fisica:
uno sguardo agli effetti costrittivi sul mondo fenomenico

Il pensiero, che si viene a generare di volta in volta nella mente, a una rapidità impossibile da stabilire, si esprime attraverso la parola, che si forma grazie alla facoltà del linguaggio, un altro dei privilegi dell'uomo, e la parola causa modificazione, percepibile o meno nell'immediato, sulla mente propria e altrui, e sul mondo esterno, fisico. In questo senso avviene il passaggio dalla categoria della costrizione logico-retorica a quella della costrizione fisica.

Come abbiamo visto ampiamente con Socrate – e ciò vale per ognuno che fa filosofia e pure che fa uso della facoltà del pensiero - la parola, mediante il discorso che viene costruito con la guida della mente umana e l'ausilio degli artifici retorici, modifica l'ambiente esterno, il quale a sua volta agisce sul soggetto modificante, facendo sì che si venga a stabilire un rapporto di reciproca influenza tra interno ed esterno. Secondo quanto detto, possiamo asserire che la costrizione logico-retorica, prima esaminata, sia, tra l'altro la causa di quella fisica. Se da un lato, infatti, vediamo il mondo esterno e tutto ciò che vi è presente e vi accade, agire sul corpo e sui sensi di ogni individuo e, attraverso di essi, far nascere piaceri, istinti, desideri intimi, e indurre a gioia, tristezza, sofferenza, dolore, mollezza, azione; dall'altro, ci accorgiamo che ognuno, condotto in avanti dai suoi pensieri e dalle sue idee, ma anche dalle sue passioni connesse al corpo, influisce su ciò che è attorno a lui, sia che si tratti di oggetti inanimati, sia che si tratti di altre persone, agendo prevalentemente sul loro lato fisico, in maniera positiva o soprattutto negativa, dal momento che Platone non ha simpatia per la sfera fisica, ritenendola solo la dimora delle ombre delle Idee, le uniche cose vere e immutabili. Osserviamo meglio entrambi gli aspetti.

Il primo caso si delinea già a partire dall'inizio della discussione, nella *Repubblica*, su che cosa sia la giustizia, manifestandosi poi più chiaramente nel libro II e in altri. Nel libro II, Socrate, deciso a indagare complessivamente che cosa sia la giustizia, stabilisce di esaminarla nell'ambito grande, quello dell'intera città e non più solo del singolo uomo, iniziando con il tratteggiare un'antropologia collaborativa, secondo la quale nessun uomo è autosufficiente e, mancando di molte cose, ha bisogno degli altri per coprire le proprie carenze. Si forma, in questo modo, il primo insediamento umano, originato dal fatto che uomini, esperti in determinate tecniche e attività e incapaci in altre, si uniscono per collaborare insieme alla propria sopravvivenza. Il motore di tutto quindi è la χρεία ("bisogno, utilità, necessità"), generata alla fine dalla paura, la paura di mancare di qualcosa di necessario alla sopravvivenza, che invece altri hanno, la paura anche di essere vicino al più forte, vicinanza che spinge inizialmente e inevitabilmente ad accrescere il timore e a ricercare l'alleanza con il più forte, per essere partecipe della sua ricchezza e risolvere così pure le proprie debolezze, le proprie carenze. La χρεία dunque sprona l'uomo mediante la paura e il desiderio incessante e potente di sopravvivere, a cercare "costrittivamente" il rapporto con l'altro, per soddisfare i suoi innumerevoli bisogni, cosa che non riesce a fare da solo o che forse può fare, ma vi rinuncia, senza esserne consapevole, poiché non tenta con tutte le sue forze di raggiungere l'obiettivo. La χρεία, in definitiva, è all'origine dell'ἀνάγκη, la quale per via della loro non autosufficienza e dei loro bisogni particolari, costringe gli uomini prima a collocarsi in un insediamento che man mano, con l'arrivo di altra gente e ulteriore divisione dei lavori, assume la forma della città, e poi all'aiuto reciproco in virtù della necessità dello scambio. A causa sempre della χρεία e dell' ἀνάγκη, la città si ingrandisce sempre di più, determinando un cambiamento e una modifica delle sue dimensioni, del suo aspetto, dell'ambiente interno – strade, canali, piazze - e circostante – boschi, montagne, rupi -, delle condizioni di vita all'interno di essa e anche dei caratteri fisici e mentali dei suoi abitanti, divenendo a tutti gli effetti una *polis tryphosa*, impossibilitata a fermarsi – neanche vi fosse costretta - nella ricerca dei piaceri e degli intrattenimenti, nella dissoluzione di interi patrimoni, nella guerra contro il vicino per la conquista del territorio. La χρεία e la ἀνάγκη tendono quindi a dare vita a una prima città che si prospetta come un aggregato puramente economico, privo in sé degli elementi intellettuali e morali necessari per prevenire e controllare lo scatenarsi delle potenze della bramosia e dell'avidità, in una parola, dell'*epithymia*. Per questo Platone, in riferimento alla costrizione fisica, usa prevalentemente il termine greco βία, per quanto riguarda la violenza incessante delle passioni e dei desideri creati dalla χρεία.

C'è poi da tenere in gran conto il cosiddetto *allevamento delle malattie*, che costringe il corpo a stare lontano dall'unico lavoro in cui si è specializzati e da cui dipende il sostentamento della propria vita, venendo meno, tra l'altro, anche agli affari della città, di cui ogni individuo è una piccola colonna portante. Soprattutto per il povero, questo *allevamento delle malattie* è avvertito come un male terribile, dovendo egli rinunciare al suo unico lavoro che gli garantisce i mezzi di sussistenza, mentre per il ricco questo problema non si pone minimamente, poiché ha sempre di che sfamarsi anche senza svolgere la sua mansione per tutto il tempo necessario a curare la malattia.

Il secondo caso, che più del primo forse rispecchia al meglio la costrizione fisica, è quello in cui l'uomo, con le sue idee, i suoi pensieri, legati alla mente, e con i suoi desideri e opinioni, legati ai sensi e al corpo, opera una trasformazione sul mondo esterno, tramite coercizione. Per mondo esterno, come abbiamo già cercato di far capire, si intende l'ambito fisico in generale, in cui sono presenti sia enti inanimati sia enti animati. La costrizione fisica vera e propria è quella che, per l'appunto, si realizza su questi due tipi di enti del mondo esterno, in svariati modi. Vediamone alcuni per ognuno dei due tipi.

Per quanto riguarda gli enti inanimati, Socrate, alternando la maniera implicita con quella esplicita, parla soprattutto degli alberi dei boschi tagliati per ottenere legname necessario alla costruzione di navi, ponti, utensili, simulacri vari; del ferro e di altri minerali estratti dal suolo, per la fabbricazione di armi e di oggetti di vita quotidiana; dei templi, delle case, dei campi, messi a ferro e a fuoco nel corso di una guerra tra città per la conquista del territorio dell'altro, il che avviene frequentemente e con conseguenze devastanti principalmente quando la città si evolve in una *polis tryphosa*. Tutte queste operazioni producono cambiamenti costrittivi, sempre comunque contro il volere evolutivo proprio della natura, a vantaggio di quello più progressivo e incessante dell'uomo.

In quanto agli enti animati, Socrate e i suoi stessi interlocutori non paiono assolutamente parchi di argomenti, rimandi, citazioni letterarie e tradizionali, dal momento che ciascun uomo, distinto dal suo simile per la sua caratteristica naturale, tende a voler far prevalere se stesso sull'altro. Ogni uomo, di qualunque estrazione sociale e di qualunque città soggetta a un determinato governo faccia parte, opera sempre costrizione sul suo simile e anche sulla divinità. Sul suo simile utilizza una costrizione, ora non brutale ora fisica e violenta, per sopraffare e conquistare ciò che vuole, senza renderne giustizia, come ad esempio fanno di volta in volta coloro che governano sui loro cittadini – il timocratico su chi non combatte per l'onore, l'oligarchico su chi non ha o ha poche ricchezze, il democratico su tutti e il tiranno su chi non lo teme e non lo rispetta e su chi si rivolta contro di lui, che perciò finisce schiavo, più dei suoi sudditi oppressi, di una costrizione fatale, che lui stesso ha creato a partire da quella operata sugli altri e che Socrate definisce con pronta ironia <<*beata necessità*>>, mentre in realtà vuol far riferimento al significato totalmente opposto , cosa che in un certo senso mostra anche tutta la mancanza di pietà di Socrate per chi decide di vivere soddisfacendo sempre qualunque tipo di desiderio e arrivando alla fine nella condizione di trovarsi a scegliere tra il continuare a vivere tra gente mediocre che lo odia profondamente o non vivere affatto. Oltre a questo, non c'è nessuno scrupolo da parte dell'uomo nel suo rapportarsi con la divinità, almeno non per Adimanto, sicuro com'è che oggetti e atti fisici, come doni e sacrifici, siano sufficienti per *convincere* gli dei a non elargire punizioni, in vita e dopo la morte, a chi si è comportato ingiustamente. Secondo Adimanto, doni e sacrifici, che fanno parte della sfera fisica, trattengono *necessariamente* gli dei, che appartengono alla sfera intelligibile, dal punire gli ingiusti, in quanto quegli oggetti e atti dimostrano in ogni caso l'immutata e immutabile devozione nei confronti degli abitanti dell'Olimpo e il sentimento di inferiorità verso questi ultimi. La divinità è Forza, Potere e nient'altro per Adimanto - per Socrate, invece, ciò che contraddistingue la divinità è la sua bontà - e chi riconosce concretamente, o è il caso di dire "fisicamente", questo, non ha niente da temere, anche se la sua condotta non è stata delle migliori-.

Tutto questo ci fa capire come mai Platone, riguardo alla costrizione fisica che si realizza sugli enti inanimati e su quelli animati del mondo esterno, usi, invece di βία e ἀνάγκη, il verbo greco πλεονεκτέω, composto dall'unione di ἔχω (avere, possedere, potere) e di πλέον (di più, maggiormente, parecchio), con il significato di "prevaricare, sopraffare", in riferimento alla *pleonexia*, la spinta originaria verso la sopraffazione e la prevaricazione, che, se pure indebolita dal patto di giustizia, dalla *syntheke*, basato su una reciproca rinuncia alla violenza delle parti in causa e sull'impegno comune a rispettare le leggi e stipulato al momento della fondazione della città, non è eliminata del tutto, in quanto spinge all'*adikia*, a esercitare, cioè, una violenta sopraffazione e un dominio sulle cose e sulle persone, per conquistare potere, gloria, ricchezze e altri tipi di vantaggi.

Capitolo IV

La costrizione interiore:
penetrazione nelle profondità remote dell'anima

Finora abbiamo esaminato l'autocostrizione, la costrizione logico-retorica e la costrizione fisica, osservando come, passando dall'una all'altra, il livello d'influenza e di azione di ognuna aumentasse e anche come ognuna di esse comprendesse più o meno l'ambito interno o esterno dell'uomo.

Adesso ci accingiamo a parlare della costrizione interiore, che interessa esclusivamente l'anima e quindi l'ambito interno, fatto che la distingue nettamente dall'autocostrizione, poiché quest'ultima agisce più sui sensi e sulle passioni del corpo – i quali impediscono la ricerca, il raggiungimento e la visione chiara della verità - che sull'anima. Inoltre il soggetto che costringe non è più un ente finito e limitato come l'uomo, ma un'entità intellegibile, che si manifesta e opera costrizione sull'anima attraverso i differenti livelli qualitativi del sapere. Per capire basta leggere questo passo sovrano, essenziale per la comprensione della costrizione interiore e della costrizione in generale, dal momento che la costrizione di cui stiamo trattando è quella che agisce in maniera più incisiva:

<< In vista di tutto questo >> io dissi, << e pur prevedendo fin d'allora queste terribili difficoltà, tuttavia, <u>costretti dalla verità stessa</u>, abbiamo affermato che né la città, né la costituzione e neppure un uomo raggiungeranno mai la vera perfezione, prima che quei pochi filosofi, che ora sono definiti non malvagi ma inutili, siano investiti, per una fortuita necessità, della cura della città, che lo vogliono o no, e prima che la città stessa si sottometta loro; oppure prima che per una qualche ispirazione sorga nei figli di quelli che oggi detengono il potere e il regno, o in loro stessi, un vero amore per la vera filosofia >>. (Plat. *Resp.* 499b-499c, trad. M. Vegetti).

E' proprio questa entità eterna e immutabile, come abbiamo già anticipato, a porsi come soggetto della costrizione interiore. E' questa verità, che spinge l'anima, attraverso i diversi e sempre più alti livelli qualitativi del sapere, a ricercare con grande sforzo, a causa del timore reverenziale e del senso di beatitudine che essa incute, la verità stessa, volgendosi dall'oscurità e dalla imperfezione del mondo fenomenico, del divenire, verso la luce del buono in sé che sovrasta e governa il mondo delle idee. Questo buono in sé, che si pone come protagonista assoluto della costrizione realizzata sull'anima di ogni individuo, altri non è che un principio di valore, un "ideale regolativo", grazie al quale tutte le cose e le condotte ispirate alla giustizia, alla sapienza, alla moderazione, al coraggio, vengono rese << utili e vantaggiose >> per la vita. L'effetto dirompente e implacabile che questa costrizione del buono in sé ha sull'anima non può comunque essere pienamente inteso se prima non teniamo in considerazione la natura stessa dell'anima, tale da farci comprendere pure la causa. Non dobbiamo infatti mai dimenticare che l'anima per Platone, come è asserito nella *Repubblica* in maniera sintetica rispetto all'esauriente spiegazione nel *Fedone*, è affine alle idee, che sono eterne, immutabili, intelligibili, perfette. Questo significa che l'anima appartiene allo stesso mondo delle idee e che quindi è immortale come esse, ma non solo: se fa parte dello stesso mondo in cui albergano le idee, allora ha la sicura possibilità di contemplare il buono in sé. Tuttavia, per Platone, la caduta dell'anima nel corpo e il suo finire legata alle catene dei desideri fisici e delle opinioni l'hanno distolta dal suo luogo d'origine, facendole perdere memoria di quest'ultimo, la quale però può essere recuperata pian piano attraverso l'osservazione degli oggetti fisici che, in quanto ombre delle idee, riconducono a esse. L'anima quindi, avendo già in precedenza abitato nel mondo delle idee, avverte fortemente - con immane forza costrittiva – il << desiderio d'amore >> di ritornare alla sua vera origine. Proprio questo eros è ciò che fa sì che l'anima possa subire violentemente la costrizione del buono in sé, una costrizione che si rivela essenziale affinché l'uomo possa adoperarsi al meglio nel mondo fenomenico, ossia possa agire in perfetta armonia con il buono in sé, facendo del bene a se stesso e agli altri. In che modo, possiamo vederlo chiaramente quando Socrate parla del ruolo e del compito dei governanti e dei difensori della città ideale e poi narra il mito della caverna.

Il mito della caverna, raccontato da Socrate all'inizio del libro VII della *Repubblica*, costituisce la più completa spiegazione della natura della costrizione interiore.

Dapprima vengono mostrati gli abitanti della caverna, con mani, piedi e collo legati con delle catene e costretti a contemplare le ombre degli oggetti di fuori riflessi sulle pareti, le quali ombre vengono ritenute l'unica e vera realtà: costoro sono persone che, schiavi ancora delle passioni e delle opinioni nascenti dallo stretto legame che si è instaurato con il corpo, pensano che le ombre sono tutto ciò che esiste e dimenticano che la loro anima è immortale, che la sua vera dimora è fuori dalla caverna, abituati del tutto ormai a convivere amichevolmente con queste ombre tutti i giorni. In breve, i prigionieri della caverna sono coloro che ignorano il bene, il vero sapere e tutto ciò che è utile e ottimo nella vita, e che quindi si mostrano inadatti e incapaci a governare se stessi e tantomeno gli altri.

In seguito entra in scena il salvatore, colui che libera i prigionieri dalla caverna e li spinge a forza, contro la loro volontà, fuori di essa, al fine di far ammirare loro com'è veramente il mondo e quali sono invece soltanto illusioni. Ma chi è costui? Perchè agisce in questa maniera? E a che scopo? Pensandoci bene, possiamo intuirlo già all'inizio, per poi avere la prova definitiva quando ci viene detto che questa persona, una volta liberati i prigionieri, li spinge con violenza fuori dalla caverna. Questo ci è sufficiente per capire che costui è, per così dire, un araldo del mondo delle idee inviato nella caverna per riportare a casa, alla loro vera casa, le anime intrappolate lì dentro nell'oscurità, a cui si sono assuefatte. In questo senso egli è principalmente un servitore del buono in sé, un suo veicolo animato sottomessosi alla luce del mondo intelligibile, in tutto e per tutto. E' un vero e proprio *deus ex machina* , i cui movimenti sono stati avviati e sono per ora e per sempre controllati, per mezzo della coercizione operata sull'anima, dal buono in sé. Questo salvatore, quindi, costretto dal buono in sé, che era riuscito in precedenza a ri-trovare, dopo essere uscito pure lui dalla caverna, prende la coraggiosa decisione di salvare quante più persone può dalla prigionia della spelonca per portarle alla fine al cospetto del suo re, della sua unica e onnipotente divinità, che rende tutto buono e retto. Il piacevolissimo dovere che sente di voler fare è ostacolato dall'attitudine dei suoi ex compagni soccorsi, che si oppongono in maniera violenta e aggressiva a lui e che ormai hanno soggiogato se stessi alla dolce oscurità della caverna. Sempre sospinto dal buono in sé, questo liberatore mette in pratica allora la coercizione, l'arte proprio del maestro e del filosofo che gli è stata donata dalla sua divinità, dopo averla ri-trovata e ri-contemplata nel profondo della sua anima per mezzo dell'aiuto di un precedente e altro legato divino. L'uso della costrizione si rende necessario affinché gli uomini si liberino dallo stato di fatto – quello dell'anima imprigionata nel corpo e sottomessa ad esso – e raggiungano la loro condizione "naturale", il massimo livello di perfettibilità, "più profondo" della loro natura, permettendo il passaggio dal soggettivo opinare all'oggettività, dall'ambito fisico a quello del noetico, dalla *doxa* alla *episteme*.

Questo passaggio, che consente il raggiungimento del buono in sé, può essere conseguito da coloro che sono chiamati a forza dalla verità alla verità stessa – sebbene non tutti ma pochi sentono e accolgono la sua incalzante invocazione – e, attraverso di essa, a fondare, a governare e a difendere la *kallipolis*, retta dalla Giustizia, ma solo mediante lo studio di determinate discipline, ognuna delle quali compie una specifica costrizione sull'anima. Queste discipline sono rispettivamente la scienza del calcolo, la geometria, l'indagine della terza dimensione e l'astronomia, e il tipo di costrizione che ciascuna di esse esercita sull'anima può essere ben espressa così: la prima <<costringe l'anima a valersi del puro pensiero in direzione della verità stessa>>; la seconda è <<conoscenza di ciò che sempre è>>, tralasciando la sua parte che si interessa del divenire, per cui non vale la pena di considerarla, e <<costringe a contemplare l'essenza>>; la terza, che comprende anche la quarta, visto che l'astronomia è intesa come movimento della terza dimensione, <<costringe l'anima a guardare verso l'alto e la guida dalle cose di qui a quelle lassù>>. Bisogna aggiungere che solo allo scopo di agevolare la visione del "buono" e di tagliare il traguardo alla conoscenza dell'idea del buono, queste discipline, secondo Socrate, convengono.

Il buono in sé, dunque, si rende partecipe di un movimento costruttivo-positivo, che genera conoscenza e verità, vale a dire scienza in cui l'una e l'altra si incontrano, dal momento che l'idea del buono è <<signora>> del pensiero e del suo contenuto, la verità, e in quanto tale è causa dell'intenzionalità conoscitiva, poiché presenta la verità conoscibile come buona e necessariamente efficace al fine di una vita felice. Ciò non ci deve far dimenticare, però, che il buono in sé dà luogo anche a un movimento negativo-critico, per cui nessuna idea, nessun sistema della conoscenza o stato di cose può esaurire in sé l'idea del buono, ma solo parteciparvi, costituendo così qualcosa che fa parte del <<resto del buono>> senza possederlo nella sua interezza. Questo duplice movimento, positivo-costruttivo e negativo-critico, può essere messo in atto dal buono in sé grazie alla sua particolare configurazione, per mezzo della quale pratica la costrizione interiore, ossia la costrizione sull'anima dell'individuo. Questa specifica configurazione che il buono in sé assume è quella della *dynamis*, da intendere qui come capacità di causazione e potenzialità di produrre effetti – positivo-costruttivi e negativo-critici – e nessi relazionali. Tra quelli di tipo positivo e produttivo, è importante tenere presente l'effetto particolare del buono in sé di conferire valore, cioè desiderabilità ed efficacia, alle idee come norme etico-politiche: le idee esistono, sono vere, utili, vantaggiose e desiderabili per via di questo principio regolativo per tutto, il buono in sé, che le rende perciò fruibili come criteri valutativi e ordinativi sul piano etico-comportamentale, per quanto riguarda la costrizione pedagogica, e come norme e leggi sul piano politico, per quanto riguarda la costrizione normativa.

In conclusione, possiamo affermare che, proprio intorno e sopra la categoria della costrizione interiore, Platone costruisce il suo metodo per ricercare e raggiungere il sapere, per passare dalla sfera dei saperi particolari al sapere ultimo e supremo, da usare poi come principio regolativo e ordinativo per tutto. Dopotutto, per Platone, <<il Bene è la parte più luminosa dell'essere perché ha il privilegio di rendere luminosa, evidente e indiscutibile la distinzione tra l'essere e l'apparire, tra scienza e opinione>>[92], il che ci fa comprendere il forte desiderio che esso suscita nell'anima, tanto da operare costrizione su di essa, una costrizione pienamente desiderata e irresistibile che occupa tutta la sfera psichica, tale per cui assume più le fattezze di una seduzione, la quale è espressa da Platone con il verbo κελεύω (esortare, incitare, ordinare) e fa riferimento, nel contesto in cui il termine è usato, alla funzione desiderante dell'anima, che spinge l'uomo con forza ad ogni sorta di piaceri corporei. Nel nostro caso, più che di una seduzione materiale, ossia operata sulla parte irrazionale

---

[92] Cfr Monique Dixsaut, *La natura filosofica (Saggio sui dialoghi di Platone)*, Loffredo edit. , 2003.

dell'anima, si tratta di una seduzione interiore, vale a dire operata completamente sulla parte razionale dell'anima, da parte del buono in sé.

Capitolo V

La costrizione pedagogica:
educazione e condizionamento

Secondo quanto abbiamo ipotizzato poco fa, la costrizione interiore opera sull'anima di ciascun uomo, spingendolo alla ricerca e al ritrovamento del sapere ultimo, quello del buono in sé, il quale è condizione della esistenza e della conoscibilità delle idee che popolano lo spazio della realtà noetica ed è anche ciò che incalza gli uomini, nel profondo della loro anima, all'instaurazione della società umana ideale, la cui perfezione risiede nello stesso legame che i suoi reggitori e i suoi difensori stabiliscono e mantengono con la verità suprema. Tuttavia, gli uomini, a causa del loro essere legati senza via di scampo ai sensi e alle passioni del corpo, coltivano interessi particolari e desideri personali che mettono a rischio la struttura coesa e stabile di questa società ideale, di questa "bella città". Perciò, risulta necessario, a coloro che hanno creato e sono decisi a preservare questa *kallipolis* per sempre, offrire il loro forte contributo a far sì che l'anima di ogni cittadino non sbandi dal percorso verso il buono in sé oppure non perda il contatto stabilito con esso, anche se questo contributo comporta inevitabilmente l'uso della forza per riportare unità e coesione nella città; allo stesso modo un viaggiatore sbandato che si avvicina lentamente, senza accorgersene, troppo di lato rispetto alla strada fino a correre il rischio di uscire fuori dal percorso tracciato, viene, a questo punto, sospinto verso il centro da qualcuno che si trova ai bordi. Questo "qualcuno" che evita al viaggiatore sbandato di fuoriuscire dalla strada e lo aiuta a ritrovare lucidità e chiarezza e a proseguire il suo cammino, altri non è che la personificazione della costrizione pedagogica, che connette armonicamente doveri e attività di ogni cittadino nell'interesse della città tutta, tramite l'uso della forza di cui si servono i vertici del potere nella *polis*, vale a dire coloro che l'hanno creata:

<<E' dunque compito nostro di fondatori>> dissi io <<di costringere le nature migliori a indirizzarsi verso la conoscenza che prima abbiamo definito la più alta, a vedere cioè il buono e ad ascendere per quell'ascesa; e una volta che siano saliti e l'abbiano adeguatamente veduto, di non concedere loro ciò che oggi viene concesso.>> (Plat.,R*esp.* 519c- 519d, trad. M. Vegetti).

Il passo è particolarmente illuminante riguardo alla categoria della costrizione pedagogica, poiché ci rivela, implicitamente ed esplicitamente, che questo tipo di costrizione si concentra, da un lato sull'ambito fisico e sull'ambito mentale, dall'altro su un certo numero di persone, mostrando un livello di influenza maggiore di quello delle altre costrizioni prima trattate.

A quanto detto va aggiunto che, per Platone, come si evince dal passo citato, ai fini della buona riuscita dell'azione educativa della città, quindi della costrizione pedagogica, bisogna impedire a tutti i costi <<ciò che oggi viene concesso>>, ossia l'ulteriore mantenimento della separazione tra vita filosofica e vita politica, vista la necessità dell'impegno politico dei filosofi nella nuova città, affinché quest'ultima sia sempre retta con misura e giustizia, grazie alla continua trasmissione del potere a uomini certamente diversi, ma dediti fermamente agli stessi saldi principi di unità e coesione, inculcati e rafforzati in loro, fin da bambini, tramite la costrizione pedagogica, che comprende sia l'utilizzo della <<persuasione>> sia quello della forza. Per capire meglio, esaminiamo ora l'ambito fisico-mentale e l'insieme delle persone su cui agisce la costrizione pedagogica.

Riguardo al primo, abbiamo detto che la costrizione pedagogica opera sia a livello fisico che mentale, o meglio, platonicamente parlando, sull'anima. Questo possiamo facilmente scoprire essere assolutamente vero se consideriamo il fatto che, secondo Platone, per creare il <<benessere nella città intera, armonizzando i cittadini sia con la persuasione sia con la forza>> e ottenere così lo scambio reciproco di servizi ai fini della coesione della città, è essenziale l'educazione obbligatoria al sano sviluppo fisico e alla musica. Ginnastica e musica, coltivate insieme nella loro semplicità e nella loro perfetta fusione, garantiscono alla città un difensore con le tre parti dell'anima in completa armonia, cioè un "difensore armonico"; viceversa, qualora l'educazione obbligatoria a queste due discipline avvenga in maniera disordinata, portando l'una delle due a prevalere sull'altra, allora l'uomo che viene ad essere forgiato così è un"difensore disarmonico", che può risultare pericoloso e nocivo alla città stessa e ai suoi abitanti.

La ginnastica deve essere usata nel modo corretto al fine di produrre salute nel corpo, per mezzo di varie prove attraverso cui i difensori devono mostrare la loro determinazione e la loro possente resistenza che va saggiata e rafforzata, in caso di qualche minimo segno di cedimento.

La musica deve essere utilizzata nella maniera migliore, cioè come mezzo per produrre moderazione all'interno dell'anima, giacché induce rilassatezza e quindi crea le condizioni migliori perché la parte desiderante dell'anima stia calma e quieta e in accordo con le altre due, soprattutto con quella razionale. A questo proposito nella *Repubblica*, Socrate discute la questione del canto melodico, asserendo che le tre parti di cui è composto il canto – parole, armonia e ritmo - non devono essere basate su pianti, lamenti, mollezza e pigrizia, ma devono riportare subito alla mente le peculiarità di una vita ordinata e coraggiosa, condotta all'insegna della libertà e della saggezza.

A quanto detto poco fa si collega il discorso relativo all'insieme delle persone su cui opera la costrizione pedagogica; essa ingloba un certo numero di individui, la cui attività, sebbene differente, influenza comunque la sfera emotiva, sottoposta a un ferreo controllo. Di conseguenza anche queste persone e loro attività devono necessariamente essere controllate. Il bersaglio principale è costituito dai poeti, dai narratori e dagli artigiani, tutti e tre legati all'ambito dell'imitazione, che Platone disprezza. Egli non nega tuttavia il grande talento e la sicura efficacia che esso riscuote tra il pubblico e dunque anche sugli educandi. Da qui l'invito "persuasivo" rivolto a poeti, narratori e artigiani a realizzare solo ciò che spinge i bambini a imitare gli uomini coraggiosi, valenti, saggi e liberi e non anche i pazzi, i malvagi, le donne piagnucolose, cosa che si presenta nociva per lo sviluppo mentale delle future guardie e dei futuri reggenti della città.

In sostanza, la costrizione pedagogica procede sullo stesso percorso della costrizione interiore, o meglio, si presenta come la sua continuazione nell'ambito pratico della *kallipolis*, dal momento che la *paideia* è <<la prima forma di virtù, prerazionale, trasmessa ai fanciulli, che deve suscitare attrazione e repulsione, piacere e dolore, per ciò che la ragione stabilisce come bene o male, virtù o vizio>>[93]. Per fare questo, l'educazione deve costringere e fare violenza, anzi essa è possibile solo a condizione che trascini con la forza all'esterno della caverna, senza abbandonare la presa prima che il prigioniero sia fuori. Questo è il motivo per cui la costrizione pedagogica, operata dai responsabili dell'educazione sui cittadini, si pone a metà strada tra un atteggiamento di lotta unitaria – espresso da Platone con il verbo διαμάχομαι (combattere, lottare) - e un atteggiamento di proibizione – espresso dal verbo διακωλύω (impedire, ostacolare, proibire). Al fine di mantenere nella "bella città" e di inserire nella tradizione e nell'abitudine solo quei comportamenti e quelle attività conformi a canoni di correttezza morale, la costrizione pedagogica utilizza da un lato la forza puramente fisica e dall'altro la persuasione e la forza tipica della legge, che si manifestano attraverso la proibizione legale. Tuttavia la costrizione pedagogica, non avendo vera e completa forma di legge, non si è ancora saldata il più stabilmente possibile nella città, cosa a cui pone rimedio la costrizione normativa, intesa anche come proibizione legale. Comunque, non dimentichiamo che è l'educazione, la costrizione pedagogica, indirizzata al contenimento delle spinte appetitive, a consentire di adeguarsi di buon grado alle leggi, alle norme ufficiali e politiche, come quelle che sanciscono l'abolizione del privato, della proprietà e della famiglia nella *kallipolis*.

---

[93] Cfr Bruno Centrone, Platone *la Repubblica,* Laterza, 2011.

Capitolo VI

La costrizione normativa:
il νόμος come riuscita fusione tra interno ed esterno

L'ultima categoria di costrizione che abbiamo descritto, quella della costrizione pedagogica, secondo quanto abbiamo detto prima, tende a mettere in pratica ciò che teoricamente guida e lega al buono in sé, in modo tale da offrire alla *kallipolis*, affinché sia degna di questo nome, reggenti, difensori e cittadini in grado di darle lustro.

La costrizione impartita attraverso un certo tipo di educazione, fortemente in conformità con il buono in sé, genera coesione e unità all'interno della città. Comunque sia, nonostante tutta la forza che la costrizione pedagogica opera sui futuri governanti e difensori della città, così come sugli altri cittadini, in maniera tale che ciascuno dia sempre il meglio alla città, attraverso la sua specifica attività, l'educazione non realizza appieno lo scopo di convertire praticamente gli insegnamenti del buono in sé, ossia di unire il livello psichico – su cui posa l'anima umana che raggiunge e contempla il mondo delle idee e del buono in sé - con il livello fisico – su cui si pone il mondo fenomenico, nel quale gli uomini vivono, soddisfano i propri bisogni, mettono in pratica le proprie convinzioni. Infatti, il buono in sé, pur diventando il "migliore usato", qualcosa da inserire nell'attività abitudinaria della città, attraverso la costrizione pedagogica, non ha ancora conseguito piena potenza nel mondo fisico, un fine questo che può raggiungere nell'ambito della norma, mediante la sua trasformazione in legge, che va oltre la semplice consuetudine, la normale educazione, anche la migliore.

Siamo arrivati dunque a individuare un'altra categoria di costrizione, quella della costrizione normativa, che segue la costrizione pedagogica e possiede , di conseguenza, una zona e una forza di influenza di gran lunga maggiori. La costrizione normativa può permettere la realizzazione totale della fusione tra interno ed esterno, tra livello teorico e livello pratico, e garantire le condizioni della riuscita relativa alla messa in pratica del buono in sé, tutto questo mediante la legge. Per far riferimento a questo concetto, Platone usa il termine greco νόμος, che significa insieme sia "norma, regola, legge," sia "usanza, tradizione, costume", fatto che lo tiene agganciato all'educazione e alla costrizione pedagogica. Il buono in sé agisce energicamente mediante lo strumento della legge, dopo essere stato tramutato esso stesso in legge,cioè in qualcosa a cui bisogna necessariamente e giustamente sottostare, per via della sua efficacia nel portare e nel mantenere, in qualunque caso, un determinato ordine dentro e fra gli uomini. Ora, nella sua funzione normativa, <<il bene rappresenta il dover-essere più che l'essere>>[94].

La legge crea ordine e nell'ordine gli uomini trovano sicurezza, ciò che originariamente tutti cercano per ripararsi dalla paura primordiale, dalla paura di morire, e uccidersi reciprocamente. La costrizione normativa altro non è che la

---

[94] Cfr Bruno Centrone, Platone *la Repubblica,* Laterza, 2011.

forza costitutiva da un lato, proibitiva dall'altro, della legge, che stabilisce rigore, unità, bene nella città, sebbene questo sia relativo, dal momento che dipende da chi instaura la legge, ossia da chi sta al vertice del potere nella città, così come in qualsiasi altra forma di organizzazione sociale umana.

Cos'è il bene? E cos'è il male? Come Trasimaco e Glaucone cercano di far capire a Socrate dall'inizio del confronto sulla giustizia nella *Repubblica*, durante il corso della storia, questi concetti sono sempre stati invertiti di senso e significato a seconda di chi deteneva il potere, e com'è ancora al presente, così sarà nel futuro. L'uomo al potere, seguendo le sue inclinazioni e le sue convinzioni particolari, decide che cos'è giusto e cos'è sbagliato, e ciò che decide è legge, a cui ognuno al di sotto di chi comanda deve sottostare inevitabilmente. Se è in questo modo che stanno le cose, allora la giustizia può davvero sempre trionfare su tutto? Certo, perché il vincitore è l'unica giustizia che esiste e il vincitore è chi detiene il potere legale sugli altri, chi esegue la costrizione normativa. Platone elenca un paio di soggetti, differenti tra loro per predilezioni e orientamenti personali.

Il primo fra questi è anche il migliore possessore del potere, poiché sottomette i suoi desideri e le sue idee al buono in sé, anzi lascia che questi siano permeati dalla sua luce. Di conseguenza costui, che può essere il fondatore o il reggente della bella città, emana le leggi migliori per essa e i suoi abitanti. E' lui che stabilisce quanto di seguito: educazione obbligatoria, fondata sull'idea del buono, per coloro che un giorno assumeranno il potere e la difesa della città e che, prima di allora sono costretti ad affrontare diverse tappe di sviluppo – studio coatto delle quattro discipline, due anni di esercizi ginnici, cinque anni per l'apprendimento di discorsi, quindici anni di sottoposizione a prove di resistenza fisica e mentale;

espulsione dalla città e/o pene severissime per poeti, narratori e artigiani che non obbediscono all'ordine di produrre solamente ciò che mette in risalto la bontà della divinità – e non i suoi gesti e azioni di stizza e capricciosi - e il coraggio umile degli uomini – e non i loro vizi e i fatti piagnucolosi della loro vita; supervisione continua delle balie, affinché si accerti che narrino solo racconti e favole ammessi e pii; divieto di proprietà privata per i difensori in maniera tale da evitare una loro possibile caduta nella corruzione, che influenzerebbe negativamente anche gli altri cittadini, dal momento che i difensori ne controllano la condotta e il comportamento; comunanza forzata di donne e figli e accoppiamento doveroso e controllato da dei magistrati scelti tra uomini migliori e donne migliori – con l'uomo detentore di un'età compresa tra i trenta e i cinquantacinque anni e con la donna tra i venti e i quarant'anni -, così da ottenere comunanza di piaceri e dolori che legano i membri della città e non privatezza dei sentimenti e degenerazione biologica, che dissolverebbe l'unità e la stabilità della *kallipolis*; divieto a un Greco, in caso di guerra, di ridurre in schiavitù un suo simile e di addurre sofferenza e punizione anche agli innocenti. In definitiva, <<tutte le disposizioni che vengono considerate idonee a prefigurare il modello della città giusta sono sancite come *nomoi*>>[95]dal re-filosofo. Per costui quindi, così come per Platone, il carattere di legge per eccellenza è di competenza di una serie di precetti di ordine etico, che assumono le fattezze di norme vincolanti, la cui bontà è garantita dal sapere di colui che le emana, ossia del filosofo.

Al di sotto di questo filosofo che, in qualità di fondatore e/o reggitore della "città sana", esercita la migliore costrizione normativa, dipendentemente dalle idee del buono e della

---

[95] Cfr Mario Vegetti, *La Repubblica*, vol. III Libro IV, Bibliopolis, 1998.

giustizia, vi sono coloro che adoperano la costrizione normativa nel loro esclusivo interesse. Platone presenta ciascuno di loro, nei libri VIII e IX, come signore incontrastato e dedito alle proprie passioni che realizza tramite il νόμος nel governo di sua competenza tra le quattro costituzioni degenerative, le quali sono la timocrazia, l'oligarchia, la democrazia e la tirannide.

L'uomo timocratico, desideroso di onori e ricchezze, emana leggi a favore suo e dei suoi simili e a svantaggio dei poveri che disprezza, poiché non si sono mai conquistati la gloria e l'onore militari con il coraggio e lo sprezzo del pericolo e sono sempre vissuti nella quiete e nella pace dei campi loro o altrui, arando e zappando la terra senza il rischio di poter morire da un momento all'altro per difendere la propria patria.

L'uomo oligarchico, salito al potere dopo quello timocratico, non è altro che un timocratico corrotto dai bottini e dalle ricchezze accumulate durante le campagne militari e che lo inducono a volerne di più incessantemente, spingendolo a formulare leggi che ingiungono ai cittadini di diventare dissoluti e a sperperare le loro ricchezze fino ad andare in rovina, con l'effetto di far diventare i capi oligarchici sempre più ricchi grazie ai prelievi delle proprietà altrui tramite i prestiti su ipoteca.

L'uomo democratico, preso il posto del ricco oligarchico reso fiacco e molle attraverso il denaro rubato legalmente, caccia gli aristocratici e più ricchi fuori dalla città, procedendo poi, ancora una volta per mezzo della legge, alle confische delle loro proprietà e inoltre acconsentendo, sempre grazie alla norma legale, alla soddisfazione di tutti i piaceri, necessari o meno, che <<pungolano>> dolorosamente e insopportabilmente il proprio corpo, come le punture delle vespe. A causa di questo eccesso di libertà e di insaziabile desiderio di essa che contraddistingue l'uomo democratico, nella città a regime democratico ciascuno compie tutto in nome della libertà stabilita per legge, anche costringere il prossimo a fare qualcosa che va contro il suo volere, come per esempio rinunciare alle sue sostanze perché colpevole di averle rubate e rese proprie contro l'interesse del popolo. Ognuno quindi esercita costrizione sull'altro, chiedendo, tramite la denuncia, l'intervento della legge a favore del popolo, mentre invece è a proprio esclusivo vantaggio.

Infine vi è l'uomo tirannico, il quale, impadronitosi del potere dopo essersi messo a capo della moltitudine senza controllo e in totale anarchia, opprime il popolo e la città con le sue vessazioni, le sue violenze, le sue confische, le sue innumerevoli condanne a morte nei confronti di chi non lo teme e si ribella, le sue tasse predatrici che costringono addirittura il popolo nella condizione di impossibilità di complottare contro di lui. Con il tiranno, la costrizione normativa raggiunge l'estremo negativo, in quanto rispecchia in tutto e per tutto, senza rinvii o riferimenti ad altri, la sua personalità avida, priva di scrupoli e affetta da manie di protagonismo.

In tutti questi casi, notiamo che chi sta al potere, per il bene proprio o degli altri, deve esercitare la costrizione normativa dandole l'aspetto della proibizione legale, in maniera tale da imporre i propri criteri di giustizia e ingiustizia, soppiantando l'ordine precedente, mediante la proibizione, appunto sancita per legge, di tutto ciò che non risponde al canone etico e morale, assunto come punto di guida da chi detiene il comando. Per realizzare questo, la proibizione legale si serve, da un lato, della forza persuasiva della parola scritta, dall'altro, della forza fisica, facendo così sentire la sua aura di superiorità su tutto e tutti, la quale alle volte non ha bisogno né del discorso razionale, né del confronto, neppure del rigore logico, ma solo del potere insito nel suo nome, per manifestarsi e operare appieno. D'altronde, questo ci è rivelato dal verbo che Platone usa in riferimento a essa, ossia προαγορεύω, che, composto da ἀγορεύω (arringare, ingiungere, dichiarare) e dal prefisso πρό (davanti, innanzi, prima), assume il significato di "dire prima, pronunciare, prescrivere, intimare", che rivela la natura della proibizione legale di pronunciarsi e decidere prima e al di sopra di tutto e di tutti.

Un fatto importante da tenere presente è che nel descrivere le quattro costituzioni degenerative, Platone non si limita a mostrare il soggetto specifico legato a ciascuna forma di governo, ma delinea anche la relazione tra i soggetti che detengono il potere e i loro sottoposti e la relazione tra le parti dell'anima e il soggetto che comanda. A questo scopo, Platone fa uso del verbo κρατέω nella sua duplice forma, attiva (dominare, comandare, assoggettare) e passiva (essere dominato, essere comandato, essere sottomesso), per meglio tratteggiare la duplice relazione testé accennata, la quale è, in ogni caso, una relazione tra padrone e servo. La forma attiva di κρατέω si riferisce a un soggetto che "domina, comanda, è padrone" e rimanda implicitamente a ciò su cui tale soggetto è sovrano, su cui governa, quindi alla forma passiva di κρατέω che fa riferimento al soggetto che "viene dominato, comandato, assoggettato". Nelle quattro forme degenerative di governo, coloro che stanno al comando – l'uomo timocratico, l'uomo oligarchico, l'uomo democratico, l'uomo tirannico – rappresentano i <<padroni>> (*despotai*) , in quanto tale comando viene esercitato senza rispetto per gli altri, mentre coloro che sono soggetti al potere dispotico dei governanti corrotti dai loro desideri si presentano come <<servi>> (*douloi*). Infatti, la relazione tra chi governa e chi è governato nella timocrazia, nella oligarchia, nella democrazia, nella tirannide, non può che essere una relazione tra padrone e servo, dal momento che, chi sta a capo è soggetto fortemente a passioni e desideri personali – desiderio di onori, brama di ricchezza, richiesta continua di eguaglianza e libertà, smania di potere - che esulano da quelli collettivi. In questo senso, la forma attiva di κρατέω indica anche la parte dell'anima desiderante, che esercita il controllo incontrastato su quella razionale la quale, come ben espresso alla forma passiva di κρατέω , si pone nella condizione di sottomessa e schiava di quella desiderante, che funge da padrone.

Il suddetto duplice rapporto non si pone, però, nel caso del fondatore e reggitore della *kallipolis*, poiché nella bella città i membri del gruppo dirigente politico-militare non sono più considerati <<padroni>> ma <<salvatori e guardie>> in riferimento alla loro funzione di protettori del corpo civico, mentre i cittadini sottoposti al loro governo non sono più reputati <<servi>> ma <<fornitori di salario e di beni>>, per quanto riguarda le loro specifiche attività che si pongono tutte al servizio della città. Inoltre, riguardo alla relazione fra le parti dell'anima nel fondatore e capo della bella città, Platone usa la forma attiva <<κρατεῖν>> e la forma passiva <<κρατεῖσθαι>> per designare il rapporto reciproco e armonioso, di comando e sottomissione, che si viene a istituire tra le parti dell'anima al fine di produrre giustizia. Questo cambiamento della relazione tra chi governa e chi è governato, da rapporto tra padrone e servo come si presenta nelle quattro costituzioni degenerative a rapporto tra cittadini con determinate e diverse mansioni, così come il mutamento della relazione tra le parti dell'anima nel reggitore, si viene a istituire nella *kallipolis* grazie all'opera costrittiva esercitata dal buono in sé sull'anima, come si è visto a proposito della costrizione interiore, e dalla legge, a cui il buono in sé dà valore in quanto tale. Questa costrizione dell'anima alla verità, ossia al buono in sé, e alla legge, conduce alla fraternità e all'uguaglianza, per merito, da un lato, delle attività svolte dai cittadini, ognuna delle quali si presenta come una piccola colonna solidissima che sostiene la città, e, dall'altro, della comunanza di piaceri e dispiaceri resa possibile dalla comunione di beni e proprietà, di mogli e figli, di educazione e divieti. In primo luogo, però, ciò a cui porta la costrizione alla verità e alla legge è la libertà, nel senso greco di *eleutheria*, in quanto stabilisce l'indipendenza della *kallipolis* all'esterno e la sua non sottomissione a un governo dispotico con abuso tirannico del potere all'interno; rende possibile ai reggenti l'autonomia nelle loro scelte di governo; fa sì che l'azione concreta dei governanti sia largamente orientativa, senza essere rigidamente sottoposta a vincoli teologici, metafisici o legislativi, poiché essi, i governanti filosofi, non dispongono di alcuna struttura metafisica né di un'idea della *polis* da imitare per realizzare sul piano politico il risultato morale desiderato, e fanno affidamento sulla messa in atto di un <<active, self-critical intelligence>>[96], cosa che tende a sottolineare il fatto che la bella città non può essere ritenuta una teocrazia. Oltretutto è grazie a questo <<active, self-critical intelligence>> che essi scoprono la verità e la legge e la relativa costrizione a cui sono soggetti e raggiungono la libertà interiore, basata su un disciplinamento reciproco tra le parti dell'anima, la quale determina la libertà all'interno della città intera e produce giustizia.

Il nostro discorso sulla costrizione normativa non si chiude qui, però, poiché Platone, a proposito di essa, accenna appena – un accenno dotato di grande importanza, pur tuttavia – al pericolo che si corre nel mostrare le leggi e i provvedimenti

---

[96] Cfr George Klosko, *The development of Plato's political theory*, Oxford University Press Inc., New York, 2006, pag. 178.

presi tramite la costrizione normativa così come sono, ossia costrittivi. L'unico modo per far accettare ai subordinati al potere tutti gli obblighi e le proibizioni – elencati prima e che riguardano il piano culturale, educativo, militare, politico – è quello di farli apparire, mostrare sotto un'altra luce, che porti alla loro facile e pronta accettazione. Fa la sua comparsa qui il tema della costrizione "mascherata", che si riallaccia all'importante argomentazione di Trasimaco sull'essenzialità dell'apparenza per ottenere successo ed evitare che la propria condotta ingiusta, fatta sembrare giusta, cada sotto lo sguardo acuto della legge. La costrizione "mascherata" altri non è che la costrizione normativa, mentre la maschera indossata da essa è quella che rappresenta l'allegria e rimanda al divertimento:

<< Non allevare dunque i ragazzi negli studi usando la costrizione >> dissi, <<ottimo amico, ma rendili <u>quasi un gioco</u>, così da poter anche meglio scoprire le inclinazioni naturali di ognuno >>. (Plat. *Resp.* 536e-537a, trad. M. Vegetti)

Ecco dunque: al fine di esercitare nel modo migliore e affinare la costrizione normativa, spingendo quelli che sono costretti ad avere più fiducia e ad aprirsi liberamente, come i bambini nei confronti degli adulti disposti e gentili, è necessario che suddetta costrizione indossi la maschera, si presenti, quasi beffardamente e astutamente insieme, come un

<< gioco >>. Ma quali sono le caratteristiche e gli aspetti che rendono la costrizione normativa simile a un divertimento, a un gioco infantile? Platone ce lo spiega chiaramente:

<< Chi in tutte queste esperienze >> dissi io << nelle fatiche e negli studi e nei pericoli, volta a volta si sia mostrato il più agile, va annoverato nel numero dei prescelti >>. (Plat. *Resp.* 537a, trad. M. Vegetti)

Una gara atta a decidere chi è il più bravo, il << più agile >>, a porsi sotto il comando della legge: questa è alla fine il << gioco >>, la maschera indossata dalla costrizione normativa per nascondere il suo volto severo e ligio al dovere. Il premio messo in palio è l'entrata nella classe dei prescelti, dei favoriti, dei migliori – ogni bambino, anche il più timido, adora le adulazioni pubbliche. Ma chi ha la possibilità di vincere? C'è solo l'imbarazzo della scelta: il << più agile >> nel pagare le tasse esorbitanti, il << più agile >> nel sottoporsi a controlli e a imposizioni, il << più agile >> nel collaborare con la legge e nel denunciare i trasgressori, etc.

Capitolo VII

La costrizione cosmico-teologica:
il gran finale della filosofia platonica

Certamente la costrizione normativa, analizzata poco fa, ricopre un ruolo di grande importanza nei rapporti degli uomini con gli altri e con il mondo stesso, vista la sua vasta zona d'influenza, nonché la sua potenza nell'agire, sia nel bene sia nel male, all'interno della comunità e sugli appartenenti a essa. Questa costrizione però, nonostante la sua forza nel saldare con successo e con veemenza ambiente interno e ambiente esterno di ogni uomo, non è la più rilevante e la più imponente che traspare dal discorso nella *Repubblica* tra Socrate e i suoi interlocutori. Ne rimane un'altra, l'ultima, che, pur se riprende i caratteri della legge, va oltre la costrizione normativa, va oltre la norma legale, va oltre l'ambito umano, va oltre tutto e padroneggia su tutto. Un esempio che ci aiuti a comprendere meglio ci viene stranamente ma vividamente dalle ultime battute di una pellicola ambientata nel vecchio west e intitolata *Chisum*. In questa, i protagonisti principali, seduti a tavola intenti a pranzare, discutono, mentre uno di loro legge il giornale, riguardo a una certa amnistia che ha posto fine a un'immane guerra territoriale sul continente americano. Uno dei presenti a tavola, una ragazza, si dichiara speranzosa su un lungo futuro di pace, immediatamente contraddetta dall'uomo che legge il giornale, che, abbassatolo, afferma che non c'è legge oltre Dodge City né Dio oltre il fiume Pecos, in riferimento al territorio conteso di cui si parla. Di fronte a questa asserzione, Chisum, impersonato dall'attore John Wayne, ribatte alcune sagge e illuminanti parole: << *Niente di più sbagliato. Perché ovunque vadano gli uomini prima o poi si instaura la legge, e prima o poi si scopre che... Dio li ha preceduti*>>.

A distanza di secoli, possiamo notare come ciò che aveva intuito Platone continui ad affiorare nella mente degli uomini come un dato incontestabile, eppure di una tale semplicità da non rendersi nemmeno conto del peso che riveste. Quello che il protagonista della pellicola western sopra citata vuole dire, quello che Platone scopre e spiega, in particolare modo nel libro X della *Repubblica*, è che gli uomini non hanno la facoltà di creare dal nulla qualcosa, ma solo di generare ogni cosa, e questo per il semplice fatto che tutto ciò che fanno dipende sempre dal loro indistruttibile rapporto con il mondo. E il mondo non è una creazione dell'uomo, così come non lo è l'universo intero. Sia l'uno che l'altro ci rivelano la presenza di un dio o di un ordine superiore prima dell'uomo. A questo proposito, Platone esprime nel libro X, così come nei libri precedenti, della *Repubblica* opinioni fortemente contrastanti, che ci impediscono di giungere a una conclusione certa, ma che tuttavia ci danno un'idea di fondo a livello generale. Questa idea, che ci restituisce la *Repubblica* in maniera globale e il libro X in modo particolare, si basa sul fatto che Platone parla non tanto di un dio quanto di un ordine superiore all'uomo e agli dei stessi, il quale rientra nell'ambito del divino e del necessario, da cui gli uomini non sono esclusi ma anzi ne fanno parte attivamente e senza scampo, riuscendo a mantenere comunque un elevato livello di dignità grazie all'intelligenza e al libero arbitrio che possiedono. In questo senso, <<Platone resta, per così dire, "teologo", ma di una teologia più vicina agli uomini che all'imperturbabilità divina>>[97]. Questo ordine superiore rappresenta la costrizione cosmico-teologica, che riguarda l'universo intero e a cui Platone si riferisce non interessandosi minimamente della sua origine – non tratta per niente l'argomento -, ma del fatto che c'è, che sussiste e si pone sul piano del divino. Questa è l'ultima costrizione, che fa riferimento all'ordine e all'armonia dell'universo e che non dipende dall'uomo e dal suo operato, la quale è descritta fedelmente da Platone attraverso il mito di Er.

Er, soldato originario della Pamfilia, viene scelto per essere << messaggero presso gli uomini delle cose dell'aldilà >> - vale a dire, della natura geocentrica del cosmo e delle sue peculiarità – e viene invitato dai tre giudici Minosse, Radamanto ed Eaco ad ascoltare e osservare tutto quello che accade intorno a lui. Tra le tante, egli vede le due fenditure contigue fra loro in cielo parallele ad altre due contigue sempre tra loro sulla terra, per mezzo delle quali entrano le anime che devono ricevere premi, in cielo, o punizioni, nella terra maledetta del Tartaro, e fuoriescono le anime beate celesti e dannate sotterranee che si incontrano e si narrano le proprie vicende nel "prato". Vede, inoltre, le anime fuoriuscite, una volta messesi in cammino dal "prato", giungere, dopo qualche giorno di marcia, a una colonna di luce, che sembra costituire l'asse dell'universo che connette i due poli passando per il centro della terra e dalle cui estremità si estende il fuso che gira sulle ginocchia di Ἀνάγκη, che incarna la costrizione cosmico-teologica e il cui fuso è dotato di un fusto, un uncino e un fusaiolo composti da un certo materiale, l'acciaio, che in greco

---

[97] Cfr Mario Vegetti e Paolo Pissavino, *I Decembrio e la tradizione della Repubblica di Platone tra medioevo e umanesimo*, Bibliopolis, 2005.

è definito con il termine ἀδάμας, il quale indica ogni sostanza resistente e inalterabile e fa riferimento alla solidità e all'indistruttibilità inimmaginabili della costrizione cosmico-teologica. Ἀνάγκη, come afferma Bruno Centrone, rappresenta la divinizzazione della necessità naturale, una sorta di potenza originaria che regna sugli uomini e sugli stessi dei e tiene legato l'essere nei ceppi del limite. Non a caso, Platone rivela che Ἀνάγκη ha tre figlie, ossia le Moire. Letteralmente, la parola *moira* significa <<porzione>>, vale a dire la durata di vita e il destino di essa assegnati a ciascuno. Le Moire quindi sono coloro che filano il necessario destino dell'uomo, che si snoda lentamente ma inesorabilmente nel tempo. A ognuna di esse è affidato, come dice Platone, il canto di una parte del tempo, pertanto a ognuna di esse si riferisce una parte del tempo: Lachesi, che è colei la quale "distribuisce" originariamente la sorte, si occupa del passato; Cloto, che "fila e allunga il filo della vita", si occupa del presente; Atropo, che "preserva" ciò che è dispensato da Lachesi e filato da Cloto, si occupa del futuro. Il destino dell'uomo si articola senza via di scampo nel tempo, attraverso il passato, il presente e il futuro, in quanto il tempo e con esso anche il vivere sono necessità a cui sono sottoposti tutti gli uomini indipendentemente dalla loro volontà, e che rivelano la finitezza e la piccolezza dell'uomo rispetto ad Ἀνάγκη. In breve, nessun uomo o dio può sfuggire al dominio della costrizione cosmico-teologica. Ἀνάγκη esprime l'armonia immutabile del cosmo, la cui perfezione inoltre funge da modello per le vite disordinate delle anime individuali, alle quali sarebbe conveniente conformarsi. E infatti, Er vede le anime pronte a reincarnarsi, una volta giunte presso Ἀνάγκη e le sue tre figlie, le Parche, disporsi per scegliere individualmente e liberamente le sorti e i modelli di vita. Prima che la scelta abbia luogo, Lachesi, una delle Parche, quella che canta il passato, fa un annuncio:

<< Anime effimere, inizia un altro periodo di generazione mortale, foriera di morte. Non sarà un demone a scegliere voi, ma voi sceglierete il demone. Il primo indicato dalla sorte per primo scelga il tipo di vita cui sarà necessariamente vincolato. La virtù non ha padrone e ognuno ne avrà una parte maggiore, se le tributerà onore, o minore nel caso contrario. La responsabilità è di chi sceglie: un dio non è responsabile >>. (Plat. *Resp.* 617d-617e, trad. M. Vegetti)

Il demone di cui Lachesi parla si connette facilmente al *daimònion* che Socrate dice di possedere. Si può benissimo asserire che le due figure, quella del *daimon* del mito di Er e quella del "segno demonico" di Socrate, si fondano formando la figura di un unico demone, che simboleggia il guardiano e il garante della scelta di vita fatta e serve per mettere in chiaro l'irrevocabilità della scelta, la sua realizzazione certa e irrevocabile, nel bene e nel male. E infatti il *daimònion* socratico è qualcosa di non trasmissibile e di non insegnabile che non offre esortazioni o indicazioni positive, ma solo proibizioni e divieti, attraverso i quali, comunque, si è spinti a realizzare al meglio la nostra scelta di vita. Pertanto, nonostante la costrizione cosmico-teologica, che interessa l'universo e la sua costituzione, non per questo, secondo Platone, anche il destino è qualcosa che ci è imposto necessariamente: esso è il risultato di una libera scelta personale del tipo di vita, se non, per dirlo nella maniera migliore, la conseguenza impossibile da evitare di una scelta che dipende non tanto dalla "libertà delle anime" quanto piuttosto dalla "scienza" della vita buona e di quella cattiva, cioè dalla filosofia, che salva sempre e per sempre nell'al di qua e nell'al di là. Quanto abbiamo detto finora è segno che la libertà dell'uomo, soprattutto in riferimento alla conoscenza e alla morale, trionfa in ogni caso, pure nella costrizione "suprema".

Tornando a Er, le ultime fasi del suo viaggio in veste di testimone delle cose dell'aldilà lo conducono insieme alle anime che ormai hanno fatto la loro scelta buona o cattiva che sia, presso il fiume Amelete, il quale introduce il tema dell'oblio: <<dimenticare le vicende dell'aldilà è essenziale perché il soggetto reincarnato si senta responsabile per la condotta della sua vita, e attraversi l'esistenza senza essere consapevole né della scelta che l'ha prodotta, né dei premi o punizioni che la attendono>>[98] . Amelete, ossia il fiume della Dimenticanza, getta oblio sulle anime in procinto di tornare sulla terra nella loro nuova vita, al fine di far dimenticare loro quanto hanno visto nel mondo ultraterreno, la stessa costrizione cosmico-teologica e la sua grandezza armonica indefinibile, nella quale trova un insignificante spazio – di vitalissima importanza pur tuttavia - la scelta libera e "sapiente" di ogni anima finita, la quale scelta, <<introducendo ordine e regola nella necessità>>[99], manifesta apertamente la vittoria dell'intelligenza con cui è condotta sulla necessità nella quale è realizzata. La dimenticanza è imposta al fine di esortare ogni

---

[98] Cfr Mario Vegetti, nota 114, in Platone, La Repubblica, Bur, 2008.
[99] Cfr Monique Dixsaut, La natura filosofica (Saggio sui dialoghi di Platone), Loffredo edit. , 2003.

anima individuale, una volta reincarnatasi, a concentrarsi a pieno ritmo, senza preoccupazioni inutili, su quella che è stata completamente una sua scelta, giusta o ingiusta, tra le possibili; da ciò si deduce che anche la libertà, o per l'esattezza forse un suo supplemento, nasce dalla costrizione cosmico-teologica e a essa fa ritorno, ogni volta più rinnovata e più estesa, attraverso le varie vite, segno della bontà del creato e dell'universo, su cui si basa tra l'altro l'ottimismo socratico.

Per concludere, dobbiamo aggiungere un ultimo fatto che concerne la costrizione cosmico-teologica. Il *daimon*, che ogni anima, prima di reincarnarsi, è chiamata a scegliere, oltre a porsi nel ruolo di guardiano e aiutante, tendente a spingere a realizzare, a qualunque costo, la scelta fatta, entra in qualche modo in contatto con il divino, che avvolge la costrizione cosmico-teologica. Questo però avviene solo quando il *daimon* di un'anima è in accordo con il divino, cioè riesce a <<rendersi simile>> al divino per quanto possibile nell'ambito umano. Poiché la caratteristica principale del divino è la sua bontà, esso si occupa non solo dell'uomo in generale, procurandogli ciò che gli permette di sopravvivere, ma anche dell'uomo buono, facendosi sentire in lui, come accade nel caso specifico di Socrate, con il *daimònion*, la voce divina che gli indica alcune cose da evitare per il suo bene. Possiamo dire dunque che, in questo modo, l'uomo ha contatto con l'ambito divino, con le leggi che governano l'universo. Ed è proprio grazie a questo contatto, per mezzo della credenza forte o debole nei confronti del divino – una credenza che spesso viene presa come base e come strumento di rafforzamento della propria identità e di alcuni propri simili raggruppati nella città, comunità, paese -, tramite l'intuizione del divino che ognuno ha, che gli uomini fabbricano religioni su misura per tutto quanto riguarda il loro essere, con le convinzioni, i pregiudizi, le opinioni, le passioni, i desideri, gli istinti, in breve con il loro personale e particolare modo di vedere il mondo, ossia con la loro *Weltanschauung*. Ancora una volta Platone ce ne dà un chiaro esempio:

<<Ma a proposito di quelle menzogne che, come dicevamo ora, possono rendersi opportune, quale espediente potremo trovare per raccontarne una nobile e farla credere in primo luogo a quegli stessi governanti, altrimenti almeno al resto della città?>>

<<Quale?>> disse.

<<Niente di nuovo>> dissi io, <<ma qualcosa di fenicio, che è già accaduto in passato in molti luoghi, come raccontano i poeti che l'hanno fatto credere, ma che non è successo ai nostri tempi e non so se potrebbe succedere; comunque ci vuole <u>molta forza di persuasione</u> (συχνῆς πειθοῦς) per farlo credere.>>   (Plat. R*esp.* 414b - 414c, trad. M. Vegetti)

Il passo pone l'accento sul tema della religione come *instrumentum regni*: nel corso del dialogo sulle modalità di selezione e instaurazione dei governanti e difensori, Socrate è convinto e convince anche Glaucone dell'importanza di un "mito preconfezionato" che, senza fondo di verità, conferisca ai reggenti, ai difensori e ai rimanenti cittadini una fiducia e una dedizione immense nella propria capacità naturale e imprima un sentito senso di appartenenza alla propria città, in breve che consolidi l'unità e la coesione della *kallipolis*. Questo mito deve interessare <<niente di nuovo>>, ma qualcosa già appartenente al passato, in cui i poeti l'hanno fatto vedere agli altri, qualcosa quindi già presente, poiché assimilato, ma dominante nella coscienza di ogni individuo e pronto a risvegliarsi, grazie alla <<forza di persuasione>> costrittiva, esercitata con lo strumento della parola nelle menti altrui – e quindi con l'aiuto della costrizione logico-retorica e della costrizione interiore -, al fine di suscitare un potente impatto sulla sfera sentimentale degli individui e indurre questi ultimi, man mano che il mito penetra nella tradizione e si riafferma generazione dopo generazione, a irrobustire il legame tra loro nella loro città, rinforzando l'unità di questa. In questo senso, tale mito deve esercitare sugli altri una seduzione interiore, di cui abbiamo gia parlato a proposito della costrizione esercitata fortemente dal buono in sé sull'anima umana. Tuttavia, se quella esercitata dal buono in sé sull'anima può essere definita seduzione psichico-razionale, che fortifica e intensifica l'attività intellettiva e dialettica della mente accrescendo la conoscenza, la seduzione inventata dal mito religioso inventato è di tipo psichico-irrazionale, che racchiude l'anima in una potente aura di superiorità innata e passiva, la quale corrode e indebolisce l'attività pensante e dialettica della parte razionale dell'anima. La seduzione psichico-irrazionale sembra dunque andare contro gli intenti di Platone relativi alla "bella città" realizzabile attraverso la dialettica che conduce al buono in sé ed è attuata dai reggitori e dai difensori, ma in realtà il mito che suscita tale seduzione ben risponde, con la sua semplicità e con il suo contenuto, ai fini del buono in sé di generare bontà e ordine, ossia coesione e unità all'interno della *kallipolis*. L'importante, per Platone, è che la seduzione psichico-irrazionale non spinga l'anima dell'uomo verso il fanatismo religioso. In tal modo, l'attività dialettica viene preservata, anzi, grazie al fascino esercitato dal mito inventato, viene praticata più appassionatamente. Il mito che si presta perfettamente a tale scopo è quello esiodeo dei nati dalla terra e del codice metallico, secondo il quale, per opera del divino, tutti gli uomini sono stati plasmati a partire dalla terra, attraverso la mescolanza dell'oro nella generazione dei reggitori, dell'argento in quello delle guardie, del ferro e del bronzo in quella degli artigiani, in modo tale che possibilmente dall'oro nasca progenie d'argento e dall'argento prole d'oro. Questo mito, pertanto, vuol far capire a forza a tutti gli abitanti della "bella città" che la loro comune discendenza ottiene predominanza sulla distribuzione gerarchica delle diverse nature e che l'<<affinità di origine dei cittadini permette un certo grado di mobilità tra i gruppi sociali, grazie al quale singoli individui possono mutare di funzioni secondo la rispettiva dotazione di capacità naturali>>[100] (M. Vegetti). La comprensione e l'assimilazione di quanto riferito da questo mito avviene, come abbiamo detto, in maniera grandemente costrittivo–seduttiva, a causa dell'impatto emotivo e appassionato suscitato dalla presenza dell'ambito del divino.

Tenendo presente tutto quello che è stato asserito finora, possiamo vedere come la parte del divino inventata dall'uomo, pur se falso nella maggior parte dei casi rispetto alla verità, prenda a modello l'ambito divino vero e proprio che riguarda la costrizione cosmico-teologica nella quale risiede tutto – anche le altre costrizioni analizzate precedentemente- e tutti – con l'eccezione forse delle idee e del buono in sé, sebbene la questione dell'anima immortale e del *daimònion* socratico ci suggeriscano un loro contatto marcato con il

---

[100] Cfr Mario Vegetti, nota 85, in Platone, *La Repubblica,* Bur, 2008.

mondo terreno inferiore -, fino ad arrivare ad inglobare in sé l'universo intero.

E qui, proprio ai confini dell'universo, si conclude la speculazione platonica.

Bibliografia essenziale

Centrone B., *NOTE,* in Platone, *La Repubblica,* Editori Laterza Bari, 2011.

Chantraine, P., *Dictionnaire étymologique de la langue grecque: histoire de mots,* tomi I-IV.2, Paris, (Klincksieck), 1984 - 90.

Diotti, U., *Gli eterni miti,* De Agostini, Novara, 1999.

Dixsaut, M., *La natura filosofica, saggio sui dialoghi di Platone,* Loffredo Editore, Napoli, 2003.

Ferrari, F., *I miti di Platone,* Radici BUR, 2006.

Gaarder , J., *Il mondo di Sofia,* Longanesi, Milano, 2005.

Garfagnini, G.C., *Platone politico, ovvero il sogno di uno stato "divino",* in M. Vegetti e P. Pissavino (a cura di), *I Decembrio e la tradizione della Repubblica di Platone tra Medioevo e Umanesimo,* Bibliopolis, Napoli 2005.

Klosko G., *The development of Plato's political theory,* Oxford University Press Inc., New York, 2006.

Montanari F., *Vocabolario della lingua greca,* Loescher, 2004.

Palumbo, L., *trentadue ore di filosofia antica,* Loffredo – Napoli, 2005.

Reale G. – Antiseri D., *Storia della filosofia – Dall'antichità al Medioevo,* La Scuola, Brescia, 1997.

Vegetti, M., *La Repubblica,* Vol. I Libro I Bibliopolis, Napoli, 1998.

Vegetti, M., *La Repubblica*, Vol. II Libri II e III, Bibliopolis, Napoli, 1998.

Vegetti, M., *La Repubblica*, Vol. III Libro IV, Bibliopolis, Napoli, 1998.

Vegetti, M., *L'etica degli antichi,* Laterza, Roma – Bari, 2006.

Vegetti, M., *Platone LA REPUBBLICA,* Bergamo, 2008.

Indice

Parte prima

- Ricerca e trascrizione di tutti i passi della *Repubblica* di Platone contenenti espressioni relative al concetto di "costrizione".
- Analisi del contesto di ciascun brano.
- Analisi filologica dei termini evidenziati.

Parte seconda